浙江外国语学院博达丛书

大学英语话语转换的认知与功能研究

A Cognitive and Functional Study on Utterance Alternation in College English

姚明发 —— 著

社会科学文献出版社
SOCIAL SCIENCES ACADEMIC PRESS (CHINA)

目 录

第一章 绪论 ·· 1
  第一节 研究背景及缘由 ··· 1
  第二节 理论框架 ··· 5
  第三节 研究内容及意义 ··· 7

第二章 话语转换相关术语 ·· 10
  第一节 语言与话语 ··· 10
  第二节 外语、二语与母语 ·· 11
  第三节 二语习得与外语学习 ··· 12
  第四节 二语教学与外语教学 ··· 14
  第五节 话语转换与语言借用 ··· 16

第三章 文献综述 ·· 18
  第一节 话语转换研究概述 ·· 18
  第二节 话语转换研究理论 ·· 26

第四章 研究方法 ·· 41
  第一节 研究设计 ·· 41
  第二节 研究对象 ·· 42
  第三节 研究工具 ·· 43
  第四节 话语分析 ·· 46

第五节　研究伦理 …………………………………………… 50

第五章　话语转换的认知 ………………………………………… 51
　　第一节　教师对话语转换的认知 …………………………… 51
　　第二节　学生对话语转换的认知 …………………………… 66
　　第三节　师生对话语转换的认知差异 ……………………… 70

第六章　话语转换的结构模式及语言使用特征 ………………… 72
　　第一节　话语转换的结构模式 ……………………………… 72
　　第二节　教师话语的语言选择模式 ………………………… 89
　　第三节　话语标记语的使用模式 ……………………………107

第七章　话语转换的话语功能 ……………………………………126
　　第一节　话语转换围绕课文或主题内容 ……………………126
　　第二节　话语转换围绕课堂管理 ……………………………146
　　第三节　话语转换围绕协调人际关系 ………………………150

第八章　结论 ………………………………………………………162

参考文献 ……………………………………………………………166

附录1　话语转换认知问卷 ………………………………………178

附录2　大学英语教师访谈提纲 …………………………………182

附录3　课堂话语转写规范 ………………………………………184

第一章 绪论

第一节 研究背景及缘由

一 研究背景

话语转换研究开始于 20 世纪 80 年代。很多学者对话语转换及双语转换研究做了比较详细的讨论与描述（Poplack，1980；Heller，1988；Jacobson，1998）。语言学研究关注话语转换的语言结构限制问题。有学者认为话语转换的结构有两种限制。一个是自由词素的限制，即人们在社区交际过程中有可能交替使用母语和目标语，只要使用的词语不是黏着词素。另外一个限制是对等限制，即两种语言交替使用一般发生在话语的某些结构的衔接处，并采用对等的方式，这使得两种语言的话语交替使用不会影响各自的表层语法规则（Poplack，1980）。Myers-Scotton（1993b）的矩阵语言框架模式（Matrix Language Frame Model）假设话语的交替使用并不是对等的，总有一种语言占据主导地位，另一种语言则为从属地位，而且总是占主导地位的语言的结构决定从属语言的选择与产出。还有学者关注标记性模式的社会心理学及相关研究，考察说话者的身份、语言选择和交际中语言交替使用对谈话的影响。Heller（1988）关注社会交际互动中外语与母语话语转换的机制，他特别强调两种语言的话语交替使用在自然言语社区中是一种语言资源，其价值体现在语言的力量和文化资本上。

20 世纪 80 年代，一些学者探究了语言课堂中的话语转换，发现它是一种在双语课堂中使用的有效的教学和交际策略（Aguirre，1988；Hudelson，1983；Olmedo-Williams，1983）。90 年代，大多数外语课堂话语转换的研究集中在后殖民语境或者欧洲国家的双语或多语言课堂（Adendorff，1993，1996；Camilleri，1996；Lin，1996）。研究者对语言学习者及双语说话者的认知语言能力，以及语言课堂上和学习者的语言实践中涉及一种以上语言的使用情况进行研究（Cenoz & Genesee，2001；Romaine，1995）。这些研究大多涉及话语转换在社会认知层面和语言学习层面的作用。比如英语课堂教学的主要目的是教学生英语，而学生主要是学习英语的听、说、读、写技能。作为外语或第二语言的英语是课堂上所期待的语言。然而，在英语作为外语的课堂上，常常出现一种语言（英语或母语）转换到另一语言（母语或英语）的情形。教师和学生为了达到教和学的目的而进行话语转换，使用自己的母语，完成英语教学中的各种教学程序与教学任务。

正规语言课堂里的话语转换一直是人们关注的问题，特别是英语课堂中话语转换的相关研究令人信服，如 Levine 和 Phipps（2015）、Kramsch（2011）。Tochon 的深度语言教学法（2014）反对索绪尔排斥写作和禁止在第二语言课堂上进行话语转换。他认为，外语课堂上的话语转换有助于外语教学的顺利开展，教师不应该对普遍存在的现象熟视无睹，要充分利用话语转换的各种功能。Levine（2011）认为，语言教育的文化转向有助于语言教学和课程设计从原来许多早期的刻板教条中解脱出来，然而语言课堂上学生母语的作用却远没有发挥出来。一些教师遵照严格的外语唯一的理念，而另外一些教师则通过话语转换来达到不同的教学目的。外语教学过程中存在两种教学理念，不少教师与研究者认为，外语课堂上的话语转换有碍教学的正常进行，妨碍学生的外语输出。深度语言教学法认为，学习外语（第二语言）与自己的母语密切相关。我们使用母语思考，使用母语交流，使用母语来获取语法的直觉理解。母语是人们在完成外语学习任务过程中可利用的最大资源，它为外语学习提供语言习得支持系统。

一些研究者认为，在外语课堂上进行话语转换使用学生的母语会破坏学生的学习过程；另外一些研究者则认为，外语课堂完全使用外语，对部分学生的语言学习与产出会产生影响，完全排除话语转换、禁止使用学生的母语不现实，也没有必有。例如，Guthrie（1984）认为，在外语课堂上完全使用外语进行教学不一定会让学生得到最大的收获。Skinner（1985）也认为，外语课堂完全使用外语，人为地设置与学生母语中的思维和概念联系的障碍，会对学习者的概念发展产生不利影响。外语课堂教学中是否使用话语转换，取决于课堂环境与学生的语言能力和水平，取决于是否有利于学生语言能力的发展。从我们对大学英语课堂的听课和观察来看，英语课堂要完全排除对话语转换的使用，不仅不现实，也剥夺了教师与学生在语言教与学中对一项资源与策略的使用和参与。大学英语课堂中的话语转换大多具有高度的目的性，且与英语课堂交际以及语言教育的任务和目标非常相关。

本书基于民族志学方法，通过收集大学英语教师的课堂话语，形成对大学英语教师在英语课堂上使用话语转换的认知，探讨话语转换的模式与功能。具体的研究方法主要是运用民族志学课堂观察方法进行笔记和课堂录音。我们对10位大学英语教师（5位男教师和5位女教师）的英语课堂教学进行观察和录音，收集了2018~2019学年大学英语教师的20堂大学英语课堂话语。课后，我们对上课的英语教师及其所教的部分学生进行了访谈和问卷调查，主要了解他们对大学英语课堂中话语转换的认知，以便解释英语课堂上语言的选择及话语转换的变化性等问题。本书对英语教师课堂话语的分析基于对课堂话语的转写，同时参考对大学英语教师的访谈及课堂观察笔记。课堂观察方法有助于我们从课堂的语境中获得有帮助的信息，以便对出现的话语转换进行解释。本书采取混合式研究设计，定量和定性相结合的研究方法。一方面对大学英语课堂上话语转换中的话语单位进行量的统计和分析，另一方面对转写后的话语中的话语转换模式及功能进行讨论分析，同时也考察英语课堂话语上的话语结构及话轮使用情况。

二 研究缘由

近年来，笔者在大学英语课堂观摩、听课中发现，大学英语教师在英语课堂上使用话语转换的现象非常普遍，英语课堂中的话语转换问题显得越来越重要。这个问题并没有引起教育主管部门和教学机构的足够重视。而且学界对话语转换在大学英语教学中的使用及发挥的作用也并没有进行充分研究。本书之所以要系统地探讨大学英语教师课堂话语中的话语转换现象，是基于以下几个理由。

第一，大学英语教学课堂话语中话语转换现象非常普遍，话语转换具有程式化特征。在访谈过程中我们发现，教师在教学中并没有意识到自己的语言选择与使用。在英语课堂教学进程中，我们发现所有教师都使用了话语转换，他们也没有意识到自己是如何使用话语转换的、什么时候使用话语转换的以及使用话语转换的目的是什么。研究英语课堂中的话语转换，可以探究大学英语教学中课堂话语的语言使用规律与模式。研究话语转换有助于大学英语教师对英语教学原则有正确理解，以及在不同课堂教学任务中合理利用话语转换策略。

第二，大学英语课堂可以看作一个双语社区（Lisa，2003），或作为一个双语空间（Liebscher & Dailey-O'cain，2005）。课堂中的教师和学生拥有共同的行为规则和行为标准。课堂中的话语转换研究，应该考虑课堂言语社区本身，尤其要考虑教与学的目的，再放到大的环境社区和全球化视野中，而不能完全基于自然话语的标准。大学英语课堂中的话语转换研究有助于师生更好地理解话语转换在英语课堂上的作用和机制。

第三，很多研究关注英语课堂上话语转换的理想作用以及相关问题，如关注参与者语言选择的影响以及外语课堂中话语转换的模式（Zentella，1981），语言课堂涉及的不同语言功能（Piasecka，1988），母语环境下在外语课堂中对话语转换的使用（Arnfast & Jorgensen，2003）等。以上研究对于汉语环境下英语课堂中的话语转换研究来说具有重要的参考价值，汉语环境下大学英语课堂中的话语转换研究需要进一步深入。

第四，本研究在英语课堂话语编码上尽可能还原教学过程的细节，通过观察和记录确保课堂话语编码的合适性和准确性，分析英语课堂话语中不同交际单位的类型和模式，同时调查师生对在大学英语课堂话语中使用话语转换的认知，并对大学英语教师的课堂话语进行结构分析，讨论话语转换在英语教学中使用的优缺点。

第五，话语转换可以充当教学策略和教学资源。相关研究成果一方面可以为大学英语教师提供课堂教学引领，另外一方面可以增强教师与学生在英语课堂上进行话语转换的信心。研究成果也可以为教育主管部门的语言教育政策提供建设性意见和建议。

第二节 理论框架

本书基于建构主义理论（Constructivist Theory）、会话分析理论（Conversational Analysis）及社会语言学理论（Sociolinguistic Theory）展开讨论。建构主义理论可用来解释语言学习者如何从他们被教授的内容中建构知识。本书基于建构主义理论，解释分析语言学习者是如何理解教师话语及其话语转换的意义并建构语言知识的。建构主义理论强调学习者不只是从外部来源获得知识，而且在课堂上可以不断发展自己对意义的理解（Schunk，2000）。语言不仅对学习至关重要，而且对思维过程也至关重要。人们通过语言来合理化理解事件（Davey & Goodwin-Davey，2000）。Duit 和 Treagust（1995）认为，建构主义理论并没有否认个人之外的现实，反而强调为了理解这种现实性，学习者需要基于自己已有的知识来构建或创造自己的知识体系。本书试图了解研究参与者（大学英语教师）如何处理话语转换来促进学生对课堂语言知识等的建构。Lee（2005）建议，不论学生的背景如何，教师应该从学术上为学习者提供学习机会，让他们探索语言的奥秘，并建构基于他们自己的语言知识和文化经验的语言体系。学生对语言深入理解的过程可能是，教师通过在语言教学中的大量语言实例，让学习者的语言与文化认知得到加强。这样，语言学习就不会太枯燥、太抽象，学习者能够基于从课堂上学到的东西构建与语言相关的知识。

会话分析理论提出话轮、邻近配对等话语结构特征，关注日常会话中的结构系统及对会话进行解释的程序，即日常说话者在面对面交际时的程序。通过对会话片段进行结构分析、归纳推理，总结了一系列会话的基本原则。首先，会话分析理论考虑交际的社会秩序。其次，研究者的分析应该揭示人们不是出自内心的动机而说的话。最后，得出的研究结论必须得到日常社会生活的证明。

会话分析理论对课堂话语转换的研究始于双语研究，认为课堂话语中的话语转换具有特殊意义，并且假定话语转换是有一定目的的，有意让听话者感知话语转换的意义。会话分析理论揭示了课堂话语潜在的程序机制，通过这个机制说话者自己可以进行语言选择的解释。会话分析理论注重话语转换中详细的话轮分析，不关注对动机的推测，而关注交际中对话语转换意义的建构。Auer（1984）提出了话语转换的序列性理论，并从功能的视角区分两类话语转换：与交际者相关的话语转换和与话语本身相关的话语转换。Martin-Jones（2000）认为，这种区分对课堂话语研究非常有用，因为语言课堂上包括具有不同语言能力和交际资源的不同参与者。Li（2005）认为，会话分析理论研究话语转换有诸多优势。首先它优先考虑语言选择的序列性，关注会话中话轮之间的相互影响。其次，它有助于限制分析者在解释话语转换的意义时可能产生的主观性判断。再次，它也关注会话参与者自己为了理解话语所使用的各种程序，同时这些程序反过来又可以作为语料的证据。最后，会话分析理论通过分析和比较不同的语料，能够提供一个一般性的解释性框架，同时它可以在会话结构、语法结构及更高层面的社会结构之间建立联系。

会话分析理论把话语转换看成一种会话活动，需要用一种分析程序来关注交际的序列性发展，而这种分析程序就是通过会话分析框架来进行的。研究者运用会话分析理论来分析课堂话语中交替使用的两种语言，认为这两种语言间的话语转换是构建交际意义的资源。通过考察话语转换在会话话轮结构中所起的作用，研究者探讨"在解释话语转换的过程中会话结构与民族志学获得的知识之间的关系"（Auer，1998：2）。

基于社会语言学理论的话语转换研究，从语言使用的宏观角度，试图通过分析社会变项（如性别、年龄、社会地位、社会场景、种族身份等）与话语转换之间的关系来寻找话语转换行为可能的社会动机。日常交际话语的社会语言学研究，包括如何区别和描述言语社区中每一种语言的功能与作用，交际者的话语转换动机是什么，等等。社会语言学研究比较不同的言语社区，如双语或多语言社区中人们的话语，尽管这些人的语言水平不一。一些研究还描述不同言语社区中话语转换的不同功能与社会地位。有些研究者从更微观的视角来看待话语转换，试图挖掘话语中特殊的语言包含的社会意义。

Myers-Scotton（1993a）基于社会语言学理论提出标记性模式理论。该理论的目的是解释话语转换的社会动因。标记性模式理论包括一个协商原则和一套准则，社会交际者在当时的言语事件中使用它们来计算和考虑说话者权利与义务方面的会话含义。该理论假设说话者可以故意选择一种更具标记性的语言来建立一套新的权利与义务集，所以语言的选择传达了说话者的身份和动机等重要信息。标记性模式理论认为，说话者的语言选择要经历三个过滤机制，即语言的选择受不同社会因素的影响和限制，包括情景因素。当话语转换是标记性选择时，就表明说话者为了个人目的或即将进行的对话而正试图构建一种新的社会意义，因而在协商一个新的规范（权利与义务集）。本书采用标记性模式理论是出于以下几方面考虑。①该理论强调说话者就自己要说哪种语言进行选择，而且这些选择都具有社会意义。英语课堂中教师的语言选择能表明师生之间的社会距离与亲疏程度、他们之间的权力关系和平等关系，这取决于课堂中的参与者和情景因素。②标记性是普遍的，尽管有些特殊的细节针对特定的言语社区。作为言语社区都或多或少有标记性语言，这种标记性语言是依据言语社区场景和交流对象的变换而不断调整的。③理性是一种机制，语言教师可以用它来衡量课堂交际的回报并作出正确的语言选择，以此来表明他们的意向性。④协商原则及其准则与合作原则一样，对本研究同样有指导意义。因为教师选择一种语言而不选择另一种语言，是为了在课堂上协调参与者的身份关系。

第三节 研究内容及意义

一 研究内容

虽然经过高中阶段的刷题应考，但很多学习大学英语的学生在听说方面能力非常弱。他们在课堂上很难适应教师的全英语教学，写作和翻译能力方面也不令人满意，在英语的熟练程度上表现不佳。此外，教师水平参差不齐，教师的英语水平会影响他们与学习者沟通的效果。教师的词汇、发音、对英语总的掌握情况，以及在课堂上他们对学习者说话的自信程度等，都会影响对语言的使用。本书重点描述和分析10位大学英语教师在话语转换中的话语结构模式和使用功能，并对英语课堂中的话语转换作定量分析及相关社会变量分析。教师都会时不时地使用话语转换进行教学。这种现象在笔者所观察的课堂上非常普遍。师生及教学机构对此也顺其自然，尽管有些学校要求全英文教学。这促使我们对话语转换现象进行深入研究，试图发现其中的本质和规律：教师究竟在什么时候、什么地方使用话语转换，以及为什么使用话语转换等。

本书考察大学英语课堂上话语转换的话语结构特征，教师进行话语转换所具有的交际功能和教育功能。回答以下几个问题：大学英语教师和学生对英语课堂话语转换的认知如何？英语课堂的话语转换中话语的结构特征以及语言选择的模式是什么？教师如何使用话语转换来实现其教学目标和交际功能？教师进行话语转换的内在机制是什么？话语转换对学生的语言学习影响如何？

本研究共分八章。第一章是绪论，陈述本研究的背景、缘由、理论框架、研究内容以及研究的重要意义等。第二章对有关话语转换研究涉及的相关术语进行了辨析和讨论。第三章是与话语转换研究相关的文献综述，对研究课堂话语转换的不同理论进行评述，同时还回顾了外语课堂中话语转换的相关研究。第四章介绍本研究采用的研究方法，涉及语料收集和分析的程序等，并对本研究调查的英语课堂进行整体概述，还包括对研究对象的分析以及课堂观察所用的民族志学方法、录音、问卷和访谈等调查手段。第五章分析和讨论了大学英语教师与学生对英语课堂话语转换的认知。第六章讨论了大学英语课堂使用的话语转换的结构模式、语言选择模式，并分析了触发话语转换的话语标记语的模式与作用。第七章归纳大学英语课堂中话语转换的各种教育与社会功能。第八章进行总结，指出研究所付出的努力和存在的局限，以及未来研究的方向。

二 研究意义

本研究认为，大学英语教师对话语转换的使用对英语教学任务的完成有重要影响，因此教师在课堂上感知话语转换的效果非常重要，这也会影响学生对教师教学与话语转换的认知。本书为教师提供一个在英语课堂上使用话语转换的全景观，为他们在课堂教学中合理、恰当地使用话语转换提供证据。通过本书的研究，教学机构与教学管理者对在大学英语教学环境下如何处理和修订相应的教学制度采用不同的策略，对课堂教学中话语转换现象给予合理的督导与评价。上级语言文字工作的决策者们可以利用本书的发现,针对现有英语课堂的话语转换制定一些原则性的指导方案并提出建议。另外,教育相关人员,如学生及家长可以通过本研究的结论来考虑是否要支持教师在大学外语课堂中进行话语转换。更进一步来说,本书可以为未来与话语转换相关的研究提供有益的参考。

第二章 话语转换相关术语

第一节 语言与话语

  就广义而言，语言是用于交流与沟通的一套系统，有其符号与处理规则。符号通常被称为文字，会以视觉、声音或者触觉方式进行传递。从狭义的角度而言，语言是指人类沟通时所使用的自然语言。索绪尔根据自然语言的多形式和多样化特点区别语言（language-langue）和言语（speech-parole）。语言就是减去言语的部分，它既是社会制度，又是价值体系。语言的社会制度是语言的社会部分，个人是不可能创造和修改它的，它是集体约定，人如果要交流，就必须接受它的整体性。这种社会产物是自动生成的，像游戏一样有自己的规则，人们只有通过一定阶段的学习才能掌握。语言的价值体系是指语言由一系列成分组成，每个成分都有自己的功能。发声不能和语言混为一谈，任何个人的说话声音大小、快慢都不能改变语言的社会机制和价值体系。与语言相比，言语本质上是个人的选择和实施的行为。它首先是个人表达思维所使用的语码，其次是通过心理机制外化的语言成分的组合。言语最重要的特点是其具有组合性，它是由不同符号组合而成的。在连续的话语里符号重复出现，在一个话语里（尽管符号的组成因不同人的言语呈现出无穷的多样性）每个符号都是言语的一个成分。言语本质上就是与个人行为一致的组合活动。

  话语与言语基本上意义相同，话语是言语的扩展。就广义而言，话语是在一定社会语境下使用的口语或书面语。话语是对语言的整体呈现，可以表明对某一领域知识的探求，如政治话语、文化话语、课堂话语等。课堂话语指课堂上产生的所有话语，包括学生话语和教师话语，是在课堂情景中使用的语言。广义的课堂话语还包括教师的板书、学生课堂上的作业、教学材料等。本书主要关注大学英语课堂中师生交流时使用的全部有声话语。

第二节　外语、二语与母语

外语是指作为非母语学习和使用的语言（Stern，1992）。比如，英语在中国不起主要作用，也不是官方语言，通常只在教室里教授和学习。英语学习者学习的英语不是自然环境下的英语，因此，英语作为外语同其他学校课程一样有相应的作业和考试，与在俄国和日本学习和使用的英语一样，都是外语。

二语习得理论中的"二语"和"外语"并不是等同的概念，它们之间有着很大的区别，尤其是它们在日常生活中使用程度上有极大的不同。比如，在中国，由于英语不是官方使用的语言，英语学习一般只局限于课堂内，课堂外进行英语交流的非常少。中国也没有双语环境，没有形成约定俗成的社会氛围，所有英语教学属于外语教学。其他外国语言在中国的教学都属于这类情况，如部分中小学开设的日语、德语、西班牙语、法语、俄语等课程都是外语教学。

英语作为第二语言的学习指，在一个大多数人都说英语的社区或国家环境里学习英语。此时，目标语英语既是教育的媒介，也是教育的内容。学习者期待用第二语言进行理解和交际，如英国前殖民地国家中的人口学习和使用英语，中国移民在美国学习英语，欧洲移民去美国学习英语等，这些情况一般是已经有自己的母语，所学的语言是当地的官方语言，拥有语言的学习环境。Ellis（1985）认为，二语指该语言在这个国家起着约定俗成和社会性语言的作用，即在那些以其他语言为母语的成员之中，该语言起着公认的交流工具的作用。例如，在美国和英国，英语非本族语的移民把英语作为第二语言来学习。

母语又称本族语、第一语言或父语。《现代汉语词典》（第7版）把"母语"定义为："一个人最初学会的一种语言，在一般情况下是本民族的标准语或某一种方言。"母语一般是孩童自幼或语言关键期即开始接触的，一般最早从其父母处接触。在双语（或多语）言语社区，人们可能同时习得两种或两种以上的语言，这种情况下可能不止一种母语，一般以官方标准语言作为母语，这是社会语言学的身份特征之一。一些国家，如肯尼亚、印度及许多东亚国家，母语或本族语就是指自己族群的语言。在新加坡，母语指自己族群的语言，不管流利程度如何，而英语则是他们的第一大语言，是原来在英国统治下发展起来的并作为国家通用语，用作政府、学校的教育语言和工作语言等。方言是真正意义上的母语，如我国的广东话对广东人来说是母语，上海话对上海人来说是母语，等等。本书所涉及的母语是指汉语及其方言，课堂上有可能师生使用当地方言，尽管在我国绝大多数学校里上课时师生所用的语言都是汉语普通话。

第三节　二语习得与外语学习

"二语习得"指人们学习第二门语言的过程。"习得"这个术语本来是用来强调学习过程的非意识自然性。二语习得是对习得过程的科学研究，一般指传统的语言学习，并不包括双语学习现象。大多数二语习得研究者把双语现象看成是学习一门语言的结果，而不是学习过程本身，一般用这个术语指似母语般流利的程度。二语习得研究属于应用语言学范畴下的分支学科，心理语言学与教育学对二语习得也非常关注，但它们一般把双语现象等同于多语现象。二语习得研究的一个中心主题就是中介语，即二语学习者使用的语言并不仅仅与第一语言和目标语有所差异，而是自成一体的完整的语言体系，具有自己的一套系统规则。促使二语习得研究的主要因素是学习者的语言输入。学习者沉浸在他们所学语言中的时间越长，或花在自由自发的阅读上时间越多，语言能力就越强。Krashen（1981）提出的输入假设，区别语言习得和语言学习，认为习得是潜意识的过程，而学习是有意识的过程。根据这个假设，二语习得过程与第一语言习得过程相似。学习过程是有意识地学习并输入要学的语言。然而，他过于强调输入是习得的一切。

二语习得的认知方法研究大脑语言习得活动的过程，比如，注意力如何影响学习者学习语言的能力,语言习得与短期记忆和长期记忆的关系如何等。二语习得的社会文化方法则拒绝认同二语习得是纯心理现象的观点,研究者试图在社会语境下来解释语言学习。影响二语习得的一些关键因素有语言浸入的程度、学习者与二语社区联系的程度以及性别等。二语习得的语言学方法则考虑到语言与其他方面知识的不同,试图用语言学方面的研究发现来解释二语习得。还有大量有关二语习得如何受个人因素影响的研究,如年龄、学习策略以及情感因素等对二语习得的影响。学习策略一般分为学习与交际策略,通过发展学习策略可以提高学习者的习得技巧。影响二语习得的情感因素有焦虑、个性、社会态度以及动机等。个人也可能因为二语磨蚀过程而丢失语言。这种严重的语言磨蚀现象的产生取决于学习者习得期间的很多因素,包括语言水平、年龄、社会因素以及动机等。课堂研究也关注语言对习得的影响。

"外语学习"指目标语语言环境之外的非母语语言学习。二语习得一般是学习者居住在所学语言的语言环境中,是在这个条件下进行的。二语习得与外语学习可以说并不完全对立,在不同的情形下包含了相同的基本过程。对二语习得的研究发生在不同学科中,如心理学、语言学、教育学、神经生物学、社会学、人类学等。而语言学习和教学的探索为学习者提供了成功的语言学习策略,并创设了提高语言能力和水平的环境。

外语学习主要是指对某种语言的学习大部分是在课堂里完成的,而且在所处的社会环境里并不用该语言进行交际。研究另一门语言是为了让学习者有效而创造性地交际,并参与真实的语言文化生活。学习一门语言可以让学习者除了自己语言的视角外还能掌握另一种语言视角,在获得跨文化理解的同时,提高处理不同语言内容之间联系的能力,开阔跨学科视角。学习一门语言可以为学习者提供获得语言和社会知识的机会,并且使他们能够知道什么时候、怎样以及为什么对某人说什么。

最近的研究表明,母语习得的过程对外语教学不无启发。首先,儿童的母语习得并非简单的模仿和机械的重复操练,而是通过不断地接触周围环境中各种语言资源而不断创造性地使用语言,激发大脑的潜在语言机能,把语言中的规则进行内化,并在新的语言环境中加以利用。这个过程螺旋式上升,语言习得也因此快速形成。这是大脑处理新的语言资源的"工作机制",这种机制对外语学习不无启发,也同样适用。其次,儿童的语言并不是一开始就是完整的语言体系、能够完整地表达其思想,而是在其成长过程中不断完善的,是一边习得一边使用。外语学习过程与儿童的这种习得过程具有相似性,我们组织教学时可以加以借鉴和利用。比如,外语学习过程应该让学习者多接触各种语言资源,也包括一些他们暂时不能运用的语言材料,通过材料对大脑语言机能的刺激,使学习者吸收新的语言材料,从而丰富学习者的语言知识和相关知识。教师对学习者所犯的语言错误应该具体分析,对那些中介语系统内化过程中所犯的错误不必求全责备,以免影响学生的正常学习过程和学习心理,使学生产生怕犯错误和不敢开口的心理顾虑。外语教师要根据母语的习得特点鼓励学生更大胆自信地使用外语,在使用外语的过程中逐步克服各种语言错误。教师在教学中不但要注重语言形式,还要注重语言功能,以及表达这些功能的非语言手段。最后,儿童母语的习得环境主要是非正式的语言环境,他们没有经过系统的正规教育,是自然习得。外语学习一般是在正式的语言环境中进行的。大量研究表明,各种语言环境对语言的学习有不同的作用。语言课堂一般有两方面作用:一是师生对语言规则的总结和提供反馈;二是语言课堂可以作为微型言语社区,提供各种语言学习的材料,以供课堂上互动使用。对于外语学习如何从母语习得的过程中得到一些高效的语言学习策略和方法,有待深入探索:一方面要考虑学习者是否有充分的语言资源,无论是听说所用的视频材料还是阅读材料;另一方面教师要提供多样的语言资源,让学生创造性地选择适合自己的学习目标、策略和方法,并在课内外加以引导。

第四节 二语教学与外语教学

二语教学一般是指在目标语国家进行的语言教学(Cook,1999),针对的是以非目标语为母语的人群,一般是移民或少数民族人群,所教的目标语言在这个国家广泛使用。如在法国教移民法语,在美国教移民英语等。而外语教学是指目标语不是该国的日常通用语言,如在中国教英语、日语,在英国教法语等。二语教学与外语教学在教学对象、教学目标、教学环境、教学方式以及学生的学习动机方面都有所不同，但二语教学对外语教学有一定的启示。在语言环境确定的情况下，目标语输入的数量和质量同样重要。由于二语教学的目标语就是当地社区的通用语言，其目标语环境是语言输入的重要来源，学习者在课堂之外有充分的自然习得语言的环境。学习者在课堂上所获得的语言知识和技能，在课后能得到及时的运用和巩固。二语学习者的学习、生活浸润在目标语社区环境里，各种真实的语言媒介，如电视、报纸、广播，以及几乎所有社会生活层面使用的都是目标语，其语言输入的质量和数量都有充分的保证。受这种真实语言环境的熏陶和浸染，各种语言刺激使得学习者有很大部分是自然习得目标语。这种语言习得给外语教学的启示是，要为外语学习者尽可能多地提供和设置课堂内外真实的语言环境，进而提供大量可理解的语言输入。学习者通过接触各种外语资源，不断对大脑进行语言刺激，从而不断提高语言学习效率。

二语学习者语言能力迅速提高的一个重要因素是，他们的目标导向非常明确，即语言学习是为了能更好地在目标语国家生存下去，因此学习者有强烈的学习欲望和学习动机。因为这关系到他们今后的生活和命运，他们要尽力把第二语言学好。而外语教学要到达相同的目标、收到同样的效果，应该与二语教学相同。而事实上，外语教学的真实情况并非如此。如在中国的环境下学习外语，学习者的目标和动机与二语学习者的目标和动机相差甚远。就拿中国的英语教学来说，大多数学习者学习英语的目标非常模糊，学习动机不强，基本上是为了应付各种各样的考试，进而升入更高层次的学校获取文凭。因此学生的学习欲望不够强烈，只把英语当一门课程，把考出好成绩作为进入高一级学校的跳板而已。外语教学首先要帮助学生明确学习外语的目标、为这个目标要付出怎样的努力，提高学生学习外语的动力与积极性。外语教师应该把外语教育看成是培养人和塑造人的手段之一，而不是仅仅为了简单和低层次的考试，因此从兴趣出发，激发学习者的学习动力和学习积极性是改善外语教学效果的关键。外语教学过程中，教师应该真正以学生为中心，根据学生的语言能力与个性，与学生共同设计教学大纲。要重视和强调语言教育的育人功能，在教与学的过程中，使学习者通过语言的学习成为身心合格的社会公民。

第五节　话语转换与语言借用

在话语转换研究中,研究者会区别话语转换与语言借用。基于不同的理论视角和研究目的,研究者有不同的观点。Poplack(1980)提出了三类标准来判定话语中非母语词汇的地位:语音层面、形态层面和句法层面。Gardner-Chloros(1995)也提出了三个标准:"形态语音综合体、母语同义替换以及预防范畴。"(73-74)Poplack 和 Sankoff(1984)在使用非常复杂的统计技巧来分析成人与儿童对词汇项导出的反应后,提出四个参数来区别语言借用形式和话语转换形式:使用频率、母语同义替换、语法整合和说话者的接受度。Myers-Scotton(1993b)认为,话语转换和语言借用有相似性和差异性。人们不能用某一个领域范畴的术语来说话。她从形态句法程序和限制、与矩阵语言词汇库相关的地位以及它们出现的频率等方面提出了一些假设。

语言借用是话语转换的一种形式,它是双语者或单语者使用的一种语言策略,是将一种语言中的词或短语借用、整合到另一语言中。借用的词或短语成为另一语言的一部分,并被同化。有学者认为,被借用的词或短语有自己的语音和形态特征(Gumperz,1982;Kamwangamalu,1992)。Gumperz(1982:66)指出:"语言借用可以定义为单个词或短语从一种语言变体到另一语言变体。"Bokamba(1988:25)认为,语言借用指将一种语言变体中的单个词或简短固化的习语被引入另一语言变体,引入的部分并入另一语言的语法系统里,被当作该语言系统词汇库的一部分,有自己的形态特征,并进入句法结构。例如 déjà vu 被借用来命名另一语言中之前不存在的某个事物。

在单语和双语说话者中都存在语言借用现象。而话语转换只发生在双语说话者的话语中。被借用的词汇或短语通常要遵守新语言的语法规则。Appel 和 Muysken(1987)讨论了语言混合,认为它是在一个句子中使用两种语言。区别话语转换和语言借用的经典观点认为,它们很容易被区分开:对话语转换来说,非本族语词汇在形态和语音上互不适应;而对语言借用来说,词汇进入新的语言里面,在形态和语音上适应新的语言(Muysken,1995)。

Lipski（2005）总结了一些话语转换和语言借用的特征。词汇借用特征包括：①词汇借用的最初选择都是有意识的；②被借用为另一语言的词汇后，被连续地一贯使用；③顺应借用语言的音位结构和形态规则；④外语源知识消失；⑤最后由缺乏所借语言知识的单语说话者使用。句子内的话语转换特征包括：①双语说话者说出来的；②话语转换可能是有意识的和故意的，或者明显在无意识情况下进行的；③一般不会违反其中任何一种语言的语法规则；④一般发生在西班牙语和英语之间自由使用的话语中。

Nurmi 和 Pahta（2004）也区别了语言借用和话语转换。他指出，话语转换是在一个话语里包含两种语言的使用，而语言借用是词汇成分从一种语言融入、合并到另一种语言中。有人指出，从历时的角度来看，话语转换和语言借用可以看成随时间发展的一个连续统：在某个历史节点上，话语转换有可能完全被接受下来成为语言借用现象（Halmari，1997）。语言借用指的是那些在句法、形态和语音上都融入宿主语言之中的词汇，而且是非常典型地在个人和社区交际中都广泛使用、反复出现的表达。然而，许多学者认为区别话语转换和语言借用没有意义。Eastman（1992）曾断言，话语转换和语言借用不应该被看作两个不同的过程，而是一个简单的连续统，因为它们在句法形态上具有相同的功能。根据 Myers-Scotton 的观点，本书不把话语转换和语言借用看作两个不同的过程，也不对英语课堂上发生的话语转换和语言借用进行区别，因为英语和汉语在词汇和语法上是两种界限分明的语言。在语料中也没有出现英语借用到汉语以及汉语借用到英语的现象。

第三章 文献综述

第一节 话语转换研究概述

在英语课堂上是采用言内语言策略（即单语方法，拒绝话语转换而使用母语）还是采用跨语言策略，学者和实践者之间一直存在不同的意见（Stern，1992）。在18世纪，外语教学中跨语言话语转换非常普遍，最常用的教学方法就是语法翻译法。19世纪开始，外语教学从书面形式转向口语形式，贝立兹教学法标志着外语教学从跨语言策略转向言内语言策略。这个教学法有三个特点：①主张外语教学应该完全用外语完成；②避免在母语和外语之间进行转换翻译；③认为在双语教学中，母语和外语应该分开进行。

直接法明确拒绝在第二语言教育中进行话语转换使用母语。根据行为主义理论和结构主义语言学，听说教学法基于所谓的科学而拒绝话语转换。他们认为应该避免通过话语转换使用母语，以减少母语的负迁移作用。其他教学法，如暗示法、沉默法、社区语言学习法以及交际语言教学法，为话语转换的使用留有余地，用它来澄清对话的含义，必要时指导外语教学，通过建立一个安全的学习环境，帮助交际活动和交际任务的顺利进行（Richards & Rodgers，2000）。

虽然没有明确否认母语的作用，有些学者还是倡导言内语言策略，因为他们相信，与自然法则一致，人们可以像习得母语一样学习第二语言（Cook，2002）。同时，任何减少使用第二语言的行为都被看作对有价值的可理解的输入机会的浪费。言内语言策略有助于学习者通过浸入英语使语法内化，并养成用英语思维的习惯（Sharma，2006），它有助于学习者产生可理解性输出（Swain，1985）。在英语作为外语的环境下，课堂是学生唯一可以使用目标语的地方（McDonald，1993）。外语只有在真实、有意义的交际中使用才能学习得更好（Canale，1983；Nunan，1987）。学习者之间、学习者与教师之间的意义协调是第二语言习得过程中的关键（Skehan，2001）。

英语教学存在一个语言"极大位置"（Macaro，2005）。赞成这个观点的人认为，话语转换有时候非常有用。Nation（1978）也相信，语言课堂教育环境排斥话语转换就像排斥使用教学物品和图画一样不现实。Finocchiaro 和 Brumfit（1983）认为，在可能的情况下，机制灵活的话语转换是可以接受的。按照 Krashen（1981）的观点，如果教师对学生进行大量的可理解性输出，语言学习者就能发展他们的语言能力。但是，如果学生的理解性输入并不充分，那么语言习得就不完。因此，如果要使可理解性输入充分、习得更完整，那么话语转换是一个很有帮助的工具。同样，Atkinson（1987）也推荐使用与外语对等的母语来引出语言和理解，师生可以用"你认为用汉语怎么说？"等形式来核查。这样的话，话语转换能够促进目标语交流的顺利进行。Hopkins（1988）认为，外语学习者被授意在第二语言学习过程中省略自己的母语或完全忽略母语，他们会觉得自己的身份受到威胁。Skinner（1985）基于教学实践拒绝唯有目标语的观点，但也表达了在外语课堂上使用母语的困难。Stern（1992）也怀疑外语唯一的传统观念，认为学习者的母语在外语课堂上应该有一个合理的位置。Auerbach（1993）认为使用学生的母语会激起学习者内心的安全感，因为没有母语，他们不能很好地表达自己的观点以及与母语相关的一些经历，特别是在语言发展的开始阶段尤为如此。同样，Schweers（1999）强调，在二语或外语课堂里明智而有选择性的话语转换有助于促进学生的学习过程。Eldridge（1996）也认为，没有证据支持限制话语转换就一定可以提高学习者的效率。Atkinson（1987）补充说："完全禁止学生的第一语言现在看来并不受欢迎。"（241）有些学者认为，学生的第一语言（母语）并不是什么障碍，而是珍贵的交际资源。比如，Stern（1992）认为应明智地选择母语作为语言资源，把输入作为入口。Cook 认为，最佳的第一语言使用有助于产生更多的真实二语使用者。找到语言之间同源的或相似的部分，能在学习者大脑里构建第一语言和第二语言知识之间的相互联系。Cook（2002）和 Tang（2002）认为，师生偶尔使用话语转换能增强相互间的理解，有助于二语学习，因为第一语言在课堂上可以起支持作用。教师应该在课堂上巧妙而机智地转换语言，使用学生的第一语言。

对于在外语或二语课堂中使用话语转换，专家的整体反应都是持怀疑态度的。英美主流教学仅仅是在慢慢推进。许多英语国家的本族语说话者流向世界各地，以教授英语谋生。现在大多数教师只是在教他们的英语，起初至少还比较关注学生的文化和语言。也有一些例外，比如一些著名的学界大师，日本的 Harold Palmer、印度的 Michael West，马来西亚的 Anthony Burgess 等。West（1962：48）说："人们不得不怀疑这个严格避免母语的理论可能部分基于这样一个事实，即英语教师不知道学习者的母语。"这种"唯英语"政策被看作"新殖民主义"的表现（Auerbach，1993：13）。英语本族语说话者发现，在他们不懂学生母语的情况下可以因单一语言制的教条得到原谅，并且可以使用英语国家生产的大量廉价的原版教材。英语的这种国际性主导地位是将课堂上单一语言神圣化并强制执行的原因之一。

另外一种观点将母语作为参照基础，认为母语在所有学校的课程包括外语课程当中是学生最强的"同盟伙伴"，因此应该得到系统地使用。然而，整个20世纪，一直有一个消极的言论占主导，外语教师成为一个个孤岛，处于不断被母语的海洋包围淹没的危险之中。事实确实如此，每一门新的语言都要面对现存的母语。如果语言不被使用，就有可能失传，语言之间彼此共存的时间也很有限。从这个意义上来看，所有语言彼此都是竞争对手。准确地说，母语随处可用，人们很容易不使用外语，这对师生来说是一个不断的诱惑。我们提出下面的观点：通过话语转换使用母语，首先可以帮助我们学习思考，其次可以帮助我们学会交流，再次就是我们可以获得对语法的直觉理解。我们认为母语是掌握外语的万能钥匙，是走近外语最快捷、最可靠、最方便的手段与工具。相关研究认为，母语是七八岁以上儿童最重要的认知和教育资源，在这个年龄段的儿童的头脑中，母语已经根深蒂固。在传统的语言课堂里，毫无疑问，母语必然受到限制，除非是在浸润式外语课堂上。

尽管如此，教师对话语转换并没有持积极肯定的态度，大多数教师认为通过话语转换而使用学生的母语是一种羞耻的行动，唯有使用外语的课堂才更有效。然而，Gabrielatos（2001：8）认为，语言课堂转换使用第一语言，更多的像是"骨的连接"，而不是"柜中骷髅"。"如果第一语言能促进二语学习我们就使用它。"Wharton（2007）认为，二语教学中第一语言具有促进作用。他分析了母语的三方面功能：一是提供与第二语言词汇对应的母语词汇表达；二是通过使用第一语言关注第二语言；三是使用第一语言进行课堂交际。Nation（2003）的研究重申了以上功能，并加了另一条有用功能，即认为话语转换对交际具有多产性的作用。除了以上功能，外语教学或二语教学中话语转换时如何最佳使用第一语言，可以考虑以下几个方面：一是用学习者使用的第一语言保证学习者有一种安全感，同时信任学习者的生活经历（Auerbach，1993）；二是第一语言给学生以认知层面的支持，促使他们能探究语言，通过母语的桥梁作用分析第二语言，并尝试用更多时间使用外语，进而生产高质量的话语（Storch & Wigglesworth，2003）。

基于话语转换的理论，我们可以考虑以下方面。

外语或二语学习者必须借助母语习得过程中所获得的技巧和知识。没有母语帮助的单语课堂表面上看有可能存在，但是单语学习从内在来看具有不可能性。任何人都不会轻易就放弃他们所知道的。人们依赖现有的能力练习发声、阅读和写作，而所有这些能力都是通过母语发展来的。学习者的大脑不可避免地会把两种语言（比如英汉）的联系和形式放在一起。Harbord（1992：351）说："翻译和转换是一个自然现象，是二语习得不可避免的部分……而不管教师是否提供或允许翻译。""你可以禁止学生在课堂上通过话语转换使用母语，但你不能从他的脑袋那里禁止他使用母语。"教师可以顺应这种自然趋势加以利用，而不是反对它，不是因为这不可避免，而是因为对初学者来说，这是非常重要的阶段。没有母语，学生脑袋空白一片，难以理解新的语言。成功的学习者都是熟练地利用通过母语积累的庞大语言技巧系统和世界知识。语言学习者不用重新将这个世界概念化，而只需要延伸和拓展头脑中已有的概念，再辅以必要的文化调整和提炼。对初学者来说，对第二语言的意识会自动与母语联系起来，直到外语本身建立起更为复杂的知识网络。Bruner（1983）提出语言习得支持系统

（LASS），认为该系统在第一语言语境下与环境"支架"一起发挥作用。在外语学习方面，语言习得支持系统是由学生在构建自我"支架"时的母语提供的。教师的职责就是在进行教学任务时去帮助学生，而不是忽视或压制学生大脑里的思维。

意义表达的替换技巧并不比话语转换好多少。精心选择词汇和结构的教科书上所配的插图，以及课堂上的板书，作为教学辅助手段可以促进单语教学，但经常会出现意想不到的误解。这些辅助替换手段有可能会阻止学生把外语中相关的词或结构与母语对应的词语或结构进行正确的联系。对许多短语来说，母语中的一个分类就可以使学生明白外语中的表达。有关课后对教师教学的非正式意义上的调查和研究反复表明，学生对教师所讲解的东西未必明白。而教师经常认为，他们对新的语法表达或词汇已经解释得够仔细，非常准确、非常清晰，应该不会有什么问题。各种视觉教具可以丰富教学形式，然而对课文的严格选择和分级来说可能会适得其反。我们发现"内容的真空"（content vacuum）和"话题的中立"是初学者课堂表现的主要特征（Mitchell，1988）。主要是由于，教材的作者为了迎合单语课堂的需要而组织教学材料，降低了词汇和语法的随意性，但这样可能会限制学生的想象力。没有这些限制，我们会有各种不同的内容丰富的课文。

英语教学通过话语转换发挥母语的协助功能，使课堂进行得更顺利。因为通过话语转换使用母语会让学生更有信心，反而对母语越来越不那么依赖。如果使用得当，母语部分并不会占用英语课堂多少时间，反而会有助于英语教学，可以成为英语课堂有力的辅助工具。课堂讲解与课堂组织仍然用英语进行，这也满足了直接法的要求。而且，英语课堂上活跃友好的气氛可以通过选择性地使用母语进行翻译而营造出来。这样做并不会产生干扰，这类翻译可能是使用惯用语，也可能是营造一个语境，这样学生就能马上明白。因为他们知道话语伴随的语调、音质，理解面部表情和手势的意思。这种意义的表达与单语定义或释义以及用双语单词表达相比，效果更加明显，因为它包含了实际语用含义，也能渲染情感的"弦外之音"。学生说英语也不那么腼腆了。他们非常清楚，他们可以自信地直接使用英语表达，而且可以根据自己的需要变化。这才是学习外语成功的真正关键的因素：学生根据正确的理解来学习。在这个阶段投入的时间和努力越多，母语对学生学习过程造成的干扰和阻碍就越少。借助话语转换使用母语，比回避母语的英语课堂更能使交际趋向真实，信息传达也更明确，因为它能促进更真实信息的交流。用母语进行快速的翻译，常常发挥直接作用而不会打断会话的进行，或者根本不会引人注意。根据我们观察的许多课堂上使用话语转换的情形来看，学生更能够自然地做出回答，也愿意尝试提出他们个人的意见，把课堂和他们的个人生活关联起来。同时，师生之间能建立友好的关系，更好地探讨当下和未来的主题，因为通过话语转换使用母语进行简单的帮助或提示，有助于英语交流能顺利进行，并为学生打开思维的空间。这种即时性和个人的参与，满足了现代交际的基本要求。而不使用母语的课堂，往往严重地约束了所要说和读的英语。借助母语可以使学生减少挫折感，这种挫折感会导致学生回避所有有关个人兴趣和爱好的交流。母语也可用于活动指导，这些活动本身相当复杂，课堂上有无数场合要求学生讲述个人的情况，因为轻松活泼的玩笑会让人感觉温馨和被认可。当然，还有很多难以预料的事情发生，需要教师立即处理。处理这些问题需要的语言，超出教科书当时所教的语言。英语教师有三种选择：一是通过话语转换使用母语；二是对出现的情况忽略不计，压制学生正常想表达的或评论的思想；三是尽可能简单地使用"三明治"技巧。这些选择在外语教学中都有一定的地位。然而，只有第三种选择能够在课堂交际活动中显出活力，同时有助于保持课堂至始至终的英语氛围。

  英语教师在课堂上通过话语转换使用母语，能更快、更丰富、更真实地讲解课文。使用母语可以使学生获得更多可理解性输入，并快速掌握语言。慎重而精心准备的话语转换（使用母语），可以让学生快速理解更为复杂的课文。我们总是能找到一些我们并没有见过的非常好的课文，因为这些课文有些段落太难，需要太多的时间和功夫来处理。这种情况下，可以使用双语来帮助我们对付这些段落。我们为什么不可以事先通过给学生提供翻译来弄清这些段落的大意呢？特别是那些感兴趣的学生，会经常使用这种理解手段。对于难度大的课文，不同语言可以共同承担理解的负担。另外，我们可以推荐学生去看他们个人喜欢的原先读过的母语书籍，比如有的学生是在读了哈利波特的中文版小说或看了中文版电影后再读英语版小说的。借助母语能激发学生读下去的兴趣，如果不提供一些支持的话，这些课文的难度可能令人生畏。

英语教师通过话语转换使用汉语可以绕开课本的语法进程。由于汉语动词本身并没有时间的标记，对英语时态的理解是学生面对的较为棘手的问题。比如下面这个句子用到英语的过去时态："He went to the park yesterday."学生很容易将时间搞混，如果翻译成中文，"去"这个动词并没有时间含义，而是需要添加一些助词，如"了""过"等。而如果翻译为"他昨天去了公园"，学生也会对英语动词的时态形式产生疑问。对于初学英语的中国小孩来说，不能理解这么多时态的变化，因为他们对英语的时间表达法还不了解。教师对学生说："我昨天去了公园。"（I went to the park yesterday.）教师可以在形式上将其作为一个参考点，直到学生理解英语的时态变化。教师不愿意过早引入过去时态；不是没有考虑母语已有的知识背景，而更多的是为了教学的需要。学生会很容易地在开始的几周内掌握过去时态。还有，选择原创性课文对学生来说更容易接受。

排斥与母语的联系会剥夺学生构建跨语言网络的可能性，也会割裂外语与母语词汇的关系。课堂上合理指导与有意地转换语言，使用母语中和第二语言匹配的词汇和句法，能提升外语中词汇等在大脑里存留记忆的时间，而且能加深学生对语言与文化历史渊源的理解。语言之间应该建立明确清晰的联系，而不是忽视或压制。一般情况下，英语学习都是把新的学习项目与已经学过的项目联系起来，甚至把两门语言联系起来。而母语作为最强有力的工具和巨大的词汇资源库，却常常被排除在知识网络构建之外。事实上，英语学习离不开母语知识。母语词汇在没有合适的翻译等同词的情况下能充当解码手段，帮助学生记住目标语词汇。更重要的是，创造英语与母语词汇的联系，可以使学生通过自己的母语拓宽知识面。学生不能完全掌握英语课本配对练习中词语间的语义联系，比如"足球比赛"与"比赛"之间隐含的上下义关系。"WC"也在汉语中使用，但是只有英语才能告诉我们这两个字母表达什么意思。还有，Kongfu、Toufu与汉语的"功夫"和"豆腐"又有什么关系呢？对于母语为汉语的学生来说，知道这两个单词的意思也许就够了，但为什么不把它们与语言借用联系起来呢？

话语转换是有意向性的教学策略。教师通过话语转换使用母语必须是系统的、有选择性的，而且必须是精心的、准确的使用，而不是随意轻率、懒散省事或费时费力的使用。有些教师表面上频繁地强调避免使用话语转换，而实际上却经常在课堂不自觉地使用。我们观察的英语课堂上有很多这种现象，课堂上基本都会进行话语转换使用汉语。教学技巧贫乏、语言不熟练的老师，按官方要求采用单语教学范式可能会有问题，因此他们可能不会精心选择使用母语，而是滥用、误用母语。这些老师仅仅是屈服于用母语上课容易。相反，我们都知道，一些老师根据学生会话水平有限而断言他们跟不上全英语课堂进程。Thornton（1999）的调查表明：语言学习落后的男孩的挫折感之一是不理解课堂的要点，以及不知道老师要他们做什么。这种情况尤其在全外语或以外语为主的课堂上非常突出。如果课堂上全用外语来授课，那么那些落后的学生对所讲的内容就不知所云。

所有新获得的外语知识都在我们大脑里面沉积下来，最终会扎根，并独立于母语而使用。要想有意识地、及时地使用英语，原则上不回避母语才可能实现。随着英语水平的增长，通过话语转换使用母语已经变得多余，英语最后才能独立使用。这时母语的帮助作用自然减弱，而英语的功用在强化。这是不断练习的结果，也是学习实践的过程。"这种与母语的间接关系只能通过实践来切断。就像名字建立一样，只有建立一个新的名字，才能消除人们对原来名字的记忆。"（West，1962：48）上述观点也从其他语言习得的研究成果中得到支持。自然言语社区的双语研究例子表明，两种语言能相互促进、彼此帮助摆脱困境，也能相互补充，比有些人认为的对彼此的破坏要多得多。Saunders（1988）和Tracy（1996）的研究清楚地表明，语言之间能相互促进对方的发展。无数双语家庭环境下长大的儿童的语言发展表明，他们使用两种语言，一种语言帮助另一种语言。语言帮助会有不同的形式。它们只是规则，不是例外。还有，双语说话者经常觉得有必要在他们的强势语言上让自己更放心。双语方法在天生聋哑人的学校里获得有利的证据。越来越多的老师使用符号语言以及深度聋哑人的自然第一语言作为言语交际的桥梁（Butzkamm，2003）。我们假设有一种处理句法的概括能力，能帮助母语和外语习得。因此，学习英语的能力可以很容易根据母语来预测。Ganshowe和Sparks（2000：87）也认为："母语在语音、句法、语义编码方面构成外语学习的基础。"大部分语言教学都忽视了这个真正的外语学习所依赖的基础。

双语实践也支持上述理论观点。Deller 和 Rinvolucri（2002）的研究包括了有关话语转换的教学建议。在阿尔萨斯地区的一些双语幼儿园和小学，小孩有一半时间由一位老师照看，只说法语，而另外一半时间由另外一位老师照看，只说德语。由于老师只使用自己的母语，这种教学技巧给人的感觉是单语或两个单语技巧，学生在第一年完全可以自由地用母语回答问题，却只能慢慢地进入第二语言习得。另外，教师基于语言习得的生成语法原则设计了一种新的双语结构练习。再者，成人学生在转换成外语之前先用母语准备特定的话题，在外语使用的准确度和清晰度方面会表现得更明显（Tudor，1987）。最后，将小段落翻译成母语，可以转变成具有创造力和高度互动性的练习（Edge，1986）。已有的证据表明，单语教学方法受到质疑，新的教学方法和教学理论认为教师在教学过程中善用话语转换比忽视学生母语的效果要好。

第二节　话语转换研究理论

英语课堂话语中的话语转换得到很多研究者的关注。不同学者从不同的视角对语言研究课题中的话语转换进行定义。他们从不同的理论路向来研究话语转换。例如，有学者从建构主义理论出发，认为话语转换为语言知识的建构提供了可参考的资源与策略，并且从语法的角度来探讨说话者可能在小句的什么位置转换语言，经过转换的话语会受到什么限制，以及有什么转换规则，从而建构语法知识。还有学者从社会语言学的角度来研究话语转换，他们试图描述双语者为什么在话语交际中转换语言。这些学者既从宏观的角度来看待双语社区的话语转换模式，又从微观的角度来具体分析特定交际语境下话语转换的情况。还有学者从会话中话轮的序列结构分析的角度来研究话语转换的动态性。本书要考察在英语课堂交际中混杂在课堂话语里的话语转换，特别关注语言教师在课堂中运用的话语转换的结构模式，以及话语转换的交际功能和教育功能。本书中话语转换的主要研究理论涉及建构主义理论、会话分析理论以及社会语言学理论。

一 建构主义理论

建构是"一种学习方法,即人们积极地构建或建立自己的知识,而现实是由学习者的经历决定的"(Elliott et al.,2000:256)。建构主义理论认为,通过经验,学习者个人建构的意义受到先验知识和新事件相互作用的影响。建构主义理论依据的原则是:知识是构建的,而不是天生的,也不是被动的吸收。其中心思想是:人类的学习过程就是构建,学习者在之前学习的基础上建立新的知识。之前的知识影响一个人从新的学习体验中构建新的或改进的知识(Phillips,1995)。学习是一个积极的而不是被动的过程,学习者只有通过积极参与世界(如实验或解决现实世界的问题),才能构建意义。信息可能是被动接收的,但理解不可能是被动的,因为它必须在先验知识、新知识和学习过程之间取得有意义的联系。

所有的知识都是社会建构的。学习是一种社会活动,而不是一个抽象的概念,我们在一起做事情,相互作用(Dewey,1938)。Vygotsky(1978)相信言语社区在"创造意义"的过程中扮演着核心角色。他认为,孩子成长的环境会影响他们的思维方式和他们的想法。因此,所有教学和学习的过程都是在分享或谈论社会构成的知识。认知发展源于近端发展区域内儿童和同伴共建知识过程中的社会互动。所有知识都是个人的。每个学习者基于现有的知识和价值观都会产生独特的观点。这意味着,同样的课、教学或活动可能会导致学生不同的学习效果,因为他们的主观解释不同。这一原则似乎与知识的社会构建观点相矛盾。Fox(2001)认为,虽然每个人都有自己的学习经历,但是彼此可以分享公共知识。教育是一个社会化过程,受文化因素的强烈影响。文化是由一个个亚文化组成的。文化和它们的知识基础处于一个不断变化的过程中,而个人的知识储存并不是一些社会构建的刚性模板的复制品。在学习文化的过程中,每个孩子都改变了文化。

思想存在于心灵中。建构主义理论认为,知识只能存在于人类的头脑中,不需要与任何真实的世界相匹配(Driscoll,2000)。学习者不断试图从他们对这个世界的感知中发展自己的心理模型。当感知到一种新的经验时,学习者将更新自己的心理模型来反映新的信息,从而构建他们对现实的解释。

　　建构主义理论支撑着各种以学生为中心的教学方法和技术，与传统教育形成鲜明对比，即知识简单地、被动地由教师传递给学生。教师的首要职责是建立一个协同解决的环境，让学生在学习中成为积极的参与者。从这个角度来看，教师是学习的推动者，而不仅仅是教员。教师确保自己了解学生预先存在的概念，并通过指导活动来为他们讲解，然后在这个基础之上进行建构（Oliver，2000）。"支架"是有效教学的一个关键特征，教师不断地予以调整，以适应学习者的水平。在教室里，"支架"包括建模技能、提供提示或线索等，并调整材料或活动（Copple & Bredekamp，2009）。

　　建构主义理论是一种基于观察和科学研究的理论——关于人们如何学习。人们通过体验和反思自己的经历来建构对世界的理解和认识。当我们遇到新事物时，必须用以前的想法和经验来调和它，也许改变了我们相信的东西，或者可能丢弃了不相关的新信息。在任何情况下，我们都是自己知识的主动创造者。要做到这一点，我们必须问问题，探索和评估我们所知道的。

　　在课堂上，建构主义理论的学习观可以指导许多不同的教学实践。在最普遍的意义上，这通常意味着鼓励学生使用积极的技术实验或解决现实世界的问题，以创造更多的知识，然后反思并谈论他们正在做的事情，以及他们的理解是如何改变的。教师要了解学生有哪些先入为主的概念，并通过指导活动来解决这个问题，然后在他们身上建立起新概念。支持建构主义理论的教师鼓励学生不断评估：活动如何帮助他们获得理解。通过质疑自己及其策略，在课堂上学生理想地成为"专家学习者"。这给了他们不断拓宽的工具来保持学习状态。有了一个计划良好的课堂环境，学生们才知道如何学习。知识建构是一个螺旋式上升过程。当不断反思自己的经历时，学生们发现自己的想法在复杂性和力量中获得改变，他们发展出越来越强大的能力来整合新的信息。教师的主要作用之一是鼓励这种学习和反思过程。在大学英语课堂，语言知识的建构基于教学的各种技巧与策略。教师为了帮助学生进行知识建构，针对不同的教学任务与教学目标，通过转换语言等各种教学策略或提供教学资源来满足学生对所学知识的理解与吸收。由于部分学生的英语水平不足，他们需要运用各种方法对教师的教学任务进行更好地理解，而教师的话语转换适时地满足了学生的需求，促使教学进程顺利进行。

在建构目标语语法知识的过程中，教师转换话语时的语法结构受一定的限制。Poplack（1980）提出了两个更为普遍的句法限制：自由词素限制和等同限制。根据自由词素限制，"话语转换可能发生在话语的任何成分之后，只要该成分不是黏着词素，除非该词素已经在语音上嵌入另一语言之中"（585-586）。日常会话中的说话者更可能在不是黏着词素的语言成分后转换语言。等同限制的含义是："在一种语言中产生的一个成分在另一种语言中不共享，也就是成分类型不一致，那么这个成分内的转换就不可能发生。"（Poplack，1980：586）即来自两种语言的成分并置在一起时，不能违反其中任意一种语言的句法规则。

Di Sciullo 等（1986）提出了另外一种语法结构受限制的理论——支配约束理论。这种理论认为，转换话语的结构普遍受支配原则限制。他们强调，话语转换只在不存在支配关系的成分间才有可能。在这种模式的框架里，主语和动词间的转换是被允许的，但动词和宾语或介词短语之间的转换不被允许。这个限制背后的假设是：中心词与它法周围的句法环境成分之间是受支配关系限制的。Klavans（1985）认为，由主句动词的屈折变化或从句的助动词的语言决定了那个特定小句的话语转换结构的限制情况，因为在一定意义上，那些成分构成小句的句法中心并支配其他成分。Myers-Scotton（1993b）提出矩阵语言框架模式（MLF）。这个模式提出几个假设来解释话语转换的形态句法模式。矩阵语言框架模式由四个理论概念或前提构成，即：①补语短语（Complement Phrase）作为分析单位；②存在矩阵语言（ML）与嵌入语言（EL）的区别；③存在内容词素与系统词素的区别；④有三种成分类型，即混合语言成分、嵌入语言成分和矩阵语言成分。她的矩阵语言假设认为，矩阵语言（即主导语言，可以是外语，也可以是母语）提供词素的秩序，且系统词素必须来自矩阵语言。与矩阵语言假设相关的有阻断假设，即从内容和词素系统的角度来看，与矩阵语言不一致的嵌入语言的词汇会被阻断，因此语言间的转换不可能发生。

Simon（2001）认为，在课堂话语里，可能很难说哪种语言应该被看作矩阵语言，哪种语言是嵌入语言。这是因为在课堂教学进行的过程中，话语从一个教学任务转入另一个任务，如教词汇和语法的时候矩阵语言可能是母语（如汉语），但是当进行其他教学任务时，矩阵语言却可能是外语（如英语）。Muysken（2000）提出了一个不同的理论来描述句子内话语转换的结构。他根据语法的一般特征来解释句内话语转换的不同结构模型。他认为，话语转换的不同结构模型似乎源于下面三种作用不同的过程：语言插入、语言交替以及一致性词汇化。这三种不同的转换过程受不同的结构条件限制，而且在特定的双语环境下，其运作的程度和方面都有所差别。其中，语言插入是指一种语言中的词汇或整个成分插入另一种语言的结构中，也就是说，一种语言的项目插入或嵌入其他语言框架里。因此，源于插入概念的理论从某种基础或矩阵语言的结构特征出发来对待话语转换结构的限制。矩阵语言框架模式里的矩阵语言决定了话语成分的语序，而且可以用嵌入语言的成分来填充。在这里，插入的过程可以看成是类似语言借用的东西：一个外来的词或短语插入一个给定的语言结构里面。

建构主义理论认为，课堂话语转换是语言知识建构过程中通向知识完善的媒介，是目标语知识建构的一个重要环节。语言的语法规则的建构和限制，即句子或话语里有一些形态的句法限制是不断通过话语转换的语言选择过程加以理解和完善的。之前学生并不了解制约话语转换的语言结构的普遍性限制规则，只是依样画葫芦，跟随老师学习。一些学者基于他们所研究的成对特殊语言，认为在可能的话语转换位置会出现普遍的句法限制；而另外一些学者对话语转换中句法限制的有效性提出了强烈的反对，认为这些限制与从其他语言收集的语料似乎有矛盾。

二 会话分析理论

会话分析理论就说话者进行会话时的贡献提出了话语结构组织的系统特征（话轮、邻近配对等）。会话分析理论尤其关注解释性程序，而这是说话者在面对面交际时日常使用的程序，是采用结构性的归纳方式推理话语片段（一般是从录制的会话中转写的简短片段）。会话分析理论有一些基本原则。首先，它要考虑交际的社会秩序，这是人们日常社会生活的重要组成部分。其次，研究者应该揭示人们不基于内心的动机而说的话；最后，人们所得出的结论都必须得到日常社会生活的证明。

会话分析理论对话语转换的研究发展于双语研究，通过赋予话语转换特殊的意义来解释话语转换，并且假定说话者有意让听话者感知话语的意义。会话分析理论揭示了话语潜在的程序机制，通过这个机制，说话者自己就得出语言选择的解释。与其他话语转换研究的理论相比，会话分析理论注重对话语转换进行详细的话轮分析，不是基于对话语动机的推测，而是关注交际中话语转换意义的建构。

Auer（1984）从功能的视角提出了两类话语转换：与交际者相关的话语转换和与话语相关的话语转换。他不像 Gumperz 等学者那样列举话语转换的众多会话功能，而是提出了话语转换的序列性理论。上述话语转换的区分是基于对非机构性双语交际的观察而提出的。Martin-Jones（2000）认为这种区分对课堂交际的话语研究具有非常重要的参考意义，因为语言课堂上包括具有不同语言能力和交际资源的参与者群体。

话语转换的会话分析主要关注三个基本点：相关性、程序序列性以及社会结构与会话结构的平衡。相关性是指，分析者揭示在进行的交际中他们的描述和解释与参与者本人的相关性。程序序列性则指，研究揭示语言外语境是否和怎样决定会话交际的结果，以及是什么原因导致了一段特定的交流，是家庭交流还是工作交流。社会结构与会话结构的平衡是指，人们一定不要认为在任何交际会话中，说话者转换语言是为了表明说话者的身份、认知、权力关系等，而实际上是为了揭示身份、认知、权力关系等在交际过程中是如何呈现的，以及是如何被理解、被接受、被拒绝和被改变的。

话语转换的会话分析研究关注会话活动的本质，把话语转换看成是一种会话活动，需要用一种分析程序来关注话语转换的序列性发展，这种程序是由会话分析框架来实现的。会话分析者运用会话分析理论来分析会话语料，这些语料包括说话者交替使用的两种（包括母语）或两种以上语言。而且，这些语言间的交替使用是构建交际意义的资源。许多研究通过详细调查不同言语社区话语转换的结构，使用相同或类似的方法来拓展对双语会话组织结构的理解（Alfonzetti，1992；Li，1994；Sebba，1994）。通过考察话语转换在会话话轮结构中所起的作用，Auer（1998）探讨了会话结构与民族志学知识之间的关系。在话语转换的会话分析研究中，Li（2005）提出了会话分析理论的两个明显路向：一个是考察双语会话作为一个整体的情况，即"纯"会话分析；另一个是关注双语互动中社会机构的管理，或者说"应用会话分析"。

话语转换的会话分析理论有诸多优势，仍然有一些问题亟待解决。首先，会话分析理论更强调话语转换的话语序列结构，而对语料中语言使用的情况解释较少。其次，学者们的研究越来越关注解释话语转换的社会因素，而对动机等心理学因素考虑较少。最后，会话分析中所提出的话语结构特征对语言选择的解释过于"浅显"。Myers-Scotton 和 Bolonyai（2001）认为，话语转换的结构分析忽视了选择的两个来源，一个是忽视了较为广泛的社会语境给会话参与者提供的话语"结构"，另一个是轻视或忽视了说话者的动机。

三 社会语言学理论

话语转换的社会语言学理论从语言使用的宏观角度，力图通过分析社会语言学变项（性别、年龄、社会地位、社会场景、种族身份等）与话语转换之间的关系来探寻话语转换行为可能的社会动机。社会语言学理论的中心问题包括：如何区别和描述言语社区中每一种语言的作用？说话者话语转换的动机是什么？等等。例如，针对双语或多语言语社区，社会语言学理论探寻和比较它们之间的不同，比如在一些言语社区中人们几乎都会说两门语言或言语社区中的所有语言，而在另外一些言语社区中不是所有人都能说所有的语言，或说得程度不一。学者也描述这些言语社区中不同语言的不同功能与社会地位，在这些言语社区中一种语言可能是典型的家庭语言，而另一种语言主要使用在正式官方场合，如学校和政府部门。有些研究者从更微观的视角来看待语言的使用，试图揭示话语中特殊的话语转换所包含的社会意义。他们详细地考察交际会话，以期解释说话者的意图和对听话者产生的影响。这些研究者通过研究会话语境中个体使用话语转换的情况，以探寻特殊话语转换在当地言语社区中的功能（Lisa，2003）。

话语转换可区分为情景型话语转换和隐喻型话语转换（Blom & Gumperz，1972），它们是两类具有不同社会意义的语言交际情形。语言选择的改变与语言情景的变化相一致，尤其是参与者、场景及活动类型的变化导致的话语转换,叫情景型话语转换。隐喻型话语转换指,在参与者与场景保持不变的情况下,语言选择的变化是为了收到特殊的交际效果。他们把隐喻型话语转换看作另一种人际关系的象征,即语言的选择被看作交际过程中人际关系的一种隐喻(Li,2000)。如在英语课堂里,隐喻型话语转换就是一种语言的使用与参与者的角色有关,是教师(英语教师)的话语,还是非教师(学生)的话语(Simon,2001)。情景型话语转换可以在不同语言内容或任务中出现,特定的语言使用可以从理论上预测,如在教授词汇和语法点或进行班级管理中,可预测的语言一般是学生的母语。

隐喻型话语转换包括说话者相对地位或身份方面的变化,他们强调这些变化,同时关注话题和场景的变化(Gumperz,1982)。Gumperz 认为,不存在语言选择与语言外场景的一一对应关系。他讨论了交际中话语转换的六个功能:①引用;②指称限定;③感叹;④重复;⑤信息限制;⑥个人化和客观化。他也讨论了"我语"和"他语"的区别。这种差别与日常交际所碰到的不同参与者的文化风格和价值标准相关。在多语言语社区里,社会少数派的语言常常被看作"我语",表明一种群体内的或非正式的关系;而社会多数派的语言则被看成是"他语",表明更正式、更个人化的群体外关系。这与官方的权力和权威密切相关。Lisa(2003)认为,"我语"与"他语"分别与代表被压制民族的语言和代表统治阶层的语言相关联。这种语言和政治压迫在美国的外语课堂中并不典型。她观察到一些话语转换可归因于教师在个人层面上对学生的相关要求,而不仅仅是传达信息。在外语课堂上,学生的第一语言或母语是最好的表达人际关系的语言,而且能作为群体内成员身份等同的标记,在某些方面与"我语"相对应。

Myers-Scotton(1993a)提出,标记性模式理论可以解释话语转换的社会动因。这个模式理论是分析课堂话语中话语转换的主要理论。标记性模式基于两个主要方面:一是权利和义务集,代表一套社会特征集;二是对于双语和多语交际来说,说话者有较大的语言选择余地,从无标记性话语到有标记性话语。标记性模式理论最重要的是包括一个协商原则和一套准则,会话参与者在当时的言语事件中使用它们来计算和考虑说话者在权利与义务方面的会话含义。无标记性语言选择准则是最基本的准则。当人们希望建立或确认与常规性会话交际相关的无标记性权利和义务时,可以进行无标记性语言选择。因此，无标记性语言选择是惯例，是人们更期待和更常做的语言选择，而标记性语言选择是偏离了规范。标记性模式理论假设说话者可以故意选择一种有标记性的语言来建立一套新的权利与义务集，也就是说，他可能故意偏离无标记性权利和义务。所以，采用哪种语言选择，传达出说话者的身份和动机等重要信息。说话者可以自由选择，但并不能决定听话者如何来解释这些选择。修正的标记性模式理论认为，说话者要经历三个过滤机制，最后导致说话者的选择（Myers-scotton，2002）。第一个过滤机制是外部限制。这些外部限制包括所有情景因素，对这些因素的研究要么基于社会语言学的传统模式，要么基于拉波夫变异理论模式。第二个过滤机制是两个可能交叉的、天生具有的可获得性架构。一个是躯体标记，用来帮助限制做决定需要的空间，允许说话者唤醒经验而迅速做出决断。另一个是标记模式的标记性评价器，它能够吸收有关说话者和听话者的行为信息，以及双方如何在言语社区的特殊交际类型中相互感知。说话者能够抽象出对不同语言选择相对标记性的解读，进而对将来类似的交际形成标记性或非标记性的语言选择以及如何接受的假设。第三个过滤机制是工作理性。该机制解释说话者如何做出他们的选择。理性是一种机制，负责说话者从语言库中实际选择语言。理性机制指，说话者在当时的情形下做出符合他们交际最大回报的语言选择。话语转换就是代表说话者理智行为的例子，因为话语转换就是说话者从自己的语言库中进行语言选择，以追求最大的回报。当话语转换是标记性语言选择，就表明说话者为了个人目的或即将进行的话语输入而试图构建一种新的社会意义，因而在协商一个新的"权利与义务集"规范（Myers-Scotton，1999）。因此，无标记性语言或标记性语言都具有一定的社会意义。标记性模式理论强调说话者就他们要说哪种语言进行选择，而且这些选择都具有社会意义。语言选择能表明说话者之间的社会距离与亲疏程度、他们之间的权力关系和平等关系，即取决于不同的参与者和情景因素。标记性语言是普遍的，尽管有些细节对特定的言语社区是独特的。每个言语社区都或多或少有标记性语言，这种语言是基于不同的场景、交流对象及言语社区，并在交流过程中协商的结果。理性是一种机制，语言教师可以用它来衡量交际的回报，并做出正确的语言选择以表明他们的意向性。Myers-Scotton 的协商原则及其准则与合作原则一样，对本研究具有指导意义，因为教师选择一种语言而不选择另一种语言，是为了在课堂上协调师生之间的身份关系。

标记性模式理论是基于自然话语使用中的话语转换创立的，即在双语社区环境，人们交替使用外语和母语来进行交际，构建不同的社会地位和身份。说话者会充分利用不同语言与使用这些语言者之间的关联性，并在此基础上有目的地设计交际策略。说话者努力追求最大的话语回报，同时降低话语能量付出。Myers-Scotton 把交际者看作"理性的行为者"。标记性模式理论的基本概念是"标记性评价器"（markedness evaluator），它会让语言学习者对使用不同语言的潜在效果进行分类评估。标记性模式理论有几个前提。首先，标记性模式理论是社会语用学模式理论，研究话语的使用及对话语的解释，强调话语的语用和社会意义。这种模式理论在说话者的话语选择上寻找信息的意向性（即隐含意义）。其次，说话者和听话者能辨认出对方的语言选择是标记性的还是无标记性的，只要交际能力表明的权利和义务在实际交际语境下以及在一定的交际类型下有效。再次，交际双方在交流过程中总是有多种身份（角色）。语言选择表明的是一种身份，而不是另一种身份，可能这种身份还没有完全建立起来，但是这种身份通过语言选择来进行协调构建。最后，交际双方本身也是理性的行为者或主体。交际过程中，说话者是目标导向，目的明确，他们的行为都是有目的性的，而交际者的目标都是追求回报最大化。

大学英语课堂中的话语转换遵循标记性原则。首先，英语课堂的话语转换不是任意的，而是有意向性的，它是系统的、具有高度目的性的教学话语。话语转换的使用可能受课堂环境和个人认知的影响。英语课堂上话语转换也受社会规约和教育原则的限制。其次，话语转换是师生共同的交际资源，出于语言教学的目的而转换语言，是为了追求教和学回报的最大化。最后，英语课堂中的师生被赋予不同的交际角色和交际地位，为了平衡角色和地位的差异，师生通过不同的话语转换来达到交际的目的。从社会性来看，英语课堂上的师生都是发展中的双语者。从机构性来看，师生的角色和身份不同，地位差异显著。在教学过程中，师生不同身份的变化和平衡，只能通过不断的话语协商来解决。师生通过转换语言来协商交流，他们共有基本的教学空间和教学定位，他们的身份在课堂交际中通过话语转换不断变化。

大学英语课堂中，人们期待的语言是英语，是一种无标记性语言，而汉语则是非期待的语言，是标记性语言。当教师从使用英语转换到使用汉语，他或她必须考虑和计算使用不同语言的代价和回报，然后进行选择，以期收到最佳的教学效果。教师在话语转换时使用标记性语言，说明教师试图使自己的教学行为具有针对性，完成特定的教学目标，进而进入一个新的话语框架并进行社会身份的建构，形成新的社会意义或教育意义，继而协商形成一个新的规范。这种有意图的选择具有教育价值和交际价值。

四 外语课堂话语研究

为了将以上话语转换研究理论应用到相关的语言课堂，语言教育实践者做了大量的教学实践研究。Polio 和 Duff（1994）考察了美国大学外语和二语课堂上话语转换的使用问题。研究结果表明，参与教师在他们的课堂上使用目标语的数量有较大差异，范围从 10% 到 100%。研究探讨的基本问题是：教师什么时候转换使用英语（即学习者的母语）而不是目标语，以及话语转换的目的和功能是什么？该研究区别了课堂话语中八种不同的话语转换功能：班级管理词汇、语法教育、班级管理、表达同情、指导学生操练英语、未知目标语词汇翻译、纠正学生理解错误以及提高学生使用英语的交际效果。Piasecka（1988）认为，话语转换是由教师和学生共同决定的。她认为从语言外部环境讲，教师和学生有相同的文化语言背景，他们彼此之间有着较充分的理解和同情，因为教师比有着不同文化背景的人更能理解学生的困难。她也列举了许多学生进行话语转换使用母语的例子，包括讲述语法规则和解释词汇，进行班级管理、记录，讨论跨文化问题，以及评价个人间关系等。

教师和学生课堂话语中的话语转换具有不同的社会功能。Canagarajah（1996）讨论了话语转换可用于教学指示、管理课堂纪律、给出指令、复习课文内容和寻求帮助等。她认为英语作为第二语言，主要用于与课程内容有关的课堂交际，而泰米尔语（学生的母语）则用于其他交际，包括个人的或非正式的场合交际。她认为英语课堂话语转换给学习者提供了解语言背后的社会价值的机会，也使其意识到通过话语转换如何协调身份。Adendorff（1996）发现话语转换是一种交际资源，能够让教师和学生完成教育与社会目标。教师使用不同的语言来实现不同的社会功能，例如，英语用来教学，而祖鲁语（即学生的母语）用来与学生交流、鼓励学生，以示与学生平等。他也发现教师用祖鲁语来管理课堂。他认为教师使用话语转换来表达权力与平等关系。他的研究也表明，在外语课堂话语转换中使用学生的母语不能受责备，而应当将母语作为一种交际资源和策略。Schweers（1999）发现，88.7% 的学习者认为话语转换是解释复杂概念比较好的办法。还有 67% 的学习者认为，母语能让他们觉得不那么"失落"。他们相信使用母语西班牙语可以让他们心情更舒畅，有助于他们理解，比如理解新的词汇。Copland 和 Neokleous（2011）的调查分析了话语转换的使用。他们在希腊观察了四个语言课堂并采访了语言教师，这些教师表示，他们转换语言是为了节省时间，提供一些更成功的课堂经历，减轻学生所感到的压力。

  Camilleri（1996）研究教师如何将马耳他语-英语的话语转换作为一种交际资源来构建课程知识，并建立相互之间的关系。该研究表明，教师在与学生的课堂对话中是如何关注与马耳他语和英语相关的象征性价值。他认为教师的话语转换应该被看成完成课程的交际资源，也是构建特殊职业身份的手段：使用足够多的英语显得受过教育，同时也支持他的马耳他人身份。Hancock（1997）认为课堂话语有不同的层面，而且不同层面有不同的无标记性语言，课堂话语转换具有不同的功能。这些层面与语域有关。他也区别了两种类型的课堂话语：公开话语和私下话语。说话者在活动框架内使用的话语被称为私下话语，表明这种话语并不是二语学习行为的一部分；而在非活动框架内产生的话语则被称为公开话语。在不同框架内，说话者扮演了不同的角色。当参与者参加正式课堂活动时，他们就作为公开话语者的角色。而其他更个人化的话语或活动，则是私下话语或活动。

  Macaro（2001）研究分析了实习教师使用话语转换的数量，以及两个实习教师对话语转换过程的反思和信念。他描述了实习教师在培训过程中如何接触到话语转换的理论立场和实证研究成果。他发现，实习教师使用第一语言处于相对较低的水平，实习教师使用第一语言的数量对学习者使用第一语言和第二语言的数量影响不大。这些发现也显示出，实习教师很少参考他们阅读过的理论研究成果和专业文献，他们的决定并不一定来源于他们的个人信念。未来的研究需要通过揭示话语转换的功能和影响来建立外语课堂的话语转换原则。Macaro（2005）进一步探讨了二语课堂话语转换的作用。他就话语转换的目的和频率等进行研究。他基于功能性话语转换的使用提出了教育建议（话语转换是有益的，因为它能促进课堂交际或改善二语学习），并统计了话语转换的数量情况。

外语课堂上的话语转换具有一些不同的特征（Flyman & Burenhult，1999）。他们分析了瑞典三名法语二语教师的话语转换情况，试图强调和解释外语课堂话语转换的特征，如语言的不安全性、话题转换、社会化功能以及重复功能。所有这些特征除了语言不安全性，都可以在语料中找到。该研究表明，教师在外语课堂上的话语转换课题相对来说缺乏探讨，是一个具有高度研究价值的研究领域。他们认为，这个领域的未来研究基于大的语料库很可能有进一步的启发。Arthur（1996）讨论分析了教师的两类话语转换，即与话语相关的话语转换和与参与者相关的话语转换。他观察到教师有时使用语言对比来实现诸如指称限定等语用功能，教师可能想用这种方式鼓励、表扬或责备学生。Arthur 更多关注与参与者相关的话语转换的使用频率，因为教师作为促进者具备双重角色：一方面，教师尽量管理学习者并鼓励学习者参与；另一方面，他们试图确保学生对学习内容的理解。他试图解释英语课堂中教学事件的内容与结构的变化。

Eldridge（1996）的研究表明，没有实践经验支持限制话语转换一定会提高学习效率的观点。同时他表明，外语课堂上的大多数话语转换都具有高度目的性，与教育目标相关。他认为话语转换是一种自然而有目的的语言行为，可以促进交际和学习。首先，话语转换是一种策略，它可以对语言学习者产生短期利益。其次，话语转换可以用话轮来对待和分析。最后，语言学习者的风格和能力与话语转换之间可能有较强的关系。我们如何对待课堂上的话语转换问题，在教学方法上具有重要的意义，对在实践中的教师而言也具有重要的影响。Moore（2002）分析了二语课堂上话语转换的作用和功能。他观察到句子内话语转换表现出复杂的学习和交际策略，话语转换呈现出一定的交际模式，双语言语库的所有交际资源对交际者来说都可用和有利。他发现，相同的话语转换可能触发不同的交际处理方式，有助于填补话语空缺。话语转换也可以收到内容和形式协商的侧面效果，进而产生可能潜在的、蕴含习得的一些交际变化。最后他建议，需要更好地理解这些策略以及它们在学习过程中的作用。

　　Lourie（2010）发现，教师转换语言来翻译课文，可以提高元语言意识，促进交际活跃。而且他发现，教师在低层次水平的课堂上较少转换语言，而在高层次水平的课堂上会使用更多的话语转换。Rezvani 和 Eslami（2011）对伊朗的英语教师在英语和母语波斯语之间进行话语转换做了调查分析。他们发现，当学习者和教师有相同的种族和文化背景，在母语与英语之间转换对外语教师来说是一个很好的策略，英语课堂上的话语转换有助于学习者更好地理解并改善师生关系。McMillan 和 Rivers（2011）在日本一所大学做过一项调查，这所大学明令禁止课堂上使用母语。他们发现，外语课堂上的话语转换能促进语言课堂的认知、教学和社会功能。Timor（2012）的问卷调查发现，教师一般对话语转换采取积极的态度，但是他们转换语言使用母语的时候有种负罪感，因为使用母语是官方不接受的。Naci Kayaoglu（2012）的研究结果表明，大多数教师对在英语教学中使用土耳其语持肯定的态度，认为话语转换的实际教育效果不容忽视，借助母语可以用来教语法，但他们禁止使用母语来教听说。英语课堂上的教师和学生对话语转换都持有积极的态度，并把它看作发展学习者目标语能力的手段。而伊朗私立学校的教师和学生则对话语转换持否定态度，他们也不愿在英语教学中使用母语。Mahmudi 和 Yazdiamirkhiz（2011）的研究发现，学生反对在二语课堂上过度使用母语，也不喜欢母语在课堂上成为主体语言。各个层次学校的教师和学生一般都把在二语课堂上使用第二语言看成是一种优先考虑的事。为了了解伊朗的学生和教师对英语课堂上使用话语转换的认知，Hashemi 和 Khalilisabet（2013）做了相关研究，发现师生间存在观念上的冲突：学生强调使用母语赋予自己一种舒适感，而教师期望学生更多使用第二语言而不是母语。Yaqubi 和 Pourmoid（2013）试图发现教师和家长对在私立英语学校中使用话语转换的态度。研究发现，父母对在语言学校的外语课堂上通过话语转换使用母语持否定的态度，因为这些学校是他们提供资助的，他们要按自己的偏好来行事。而缺乏经验的老师按照父母的期望执行，因为他们更容易改变立场，而有经验的老师却尽力坚持自己的观点和理由。

　　以上分析了语言课堂话语转换的相关研究理论，包括建构主义理论、会话分析理论以及社会语言学理论等。支持建构主义的语言学研究者从现代句法理论出发提出了不同的研究模式，来解释双语/多语社区的话语转换及结构限制，以及交际者从中如何建构语言。他们认为不同言语社区的话语转换模式不同，这与语言的类型学特征相关。研究者一致认为使用话语转换与说话者的能力有关，话语转换在双语交际中是非常正常且使用广泛的形式，要求使用者有很高的双语能力。社会语言学理论强调话语转换在社区服务中的功能以及影响语言选择的因素。即使那些在语言课堂上研究话语转换的学者也忽略了话语转换中的一个或几个方面。会话分析理论则从交际语境出发，认为英语课堂中的话语转换是言语社区动态交际的产物，它符合交际的规则及要求。这些关于话语转换的研究有助于我们了解课堂互动，以及英语课堂交际规范的差异如何影响学习环境和学生的成绩水平。外语课堂话语转换的相关研究也表明，话语转换是自然而有目的的语言行为。大部分研究者认为，在不同语境下课堂话语转换具有不同的教育和社会功能，教师在教学过程中应该正确加以对待。本书通过民族志学课堂观察法，对大学英语课堂互动进行微观层面分析，特别是将教师的话语转换与更广泛的社会现实问题联系起来。

第四章 研究方法

第一节 研究设计

本书采用混合式研究设计,这种研究设计方式因综合了定性研究和定量研究的优势而闻名(Johnson & Christensen,2008;Lodico,Spaulding & Voegtle,2006;McMillan & Schumacher,2006)。因此,选择混合式研究设计也是为了减少定性研究和定量研究存在的不足。定量方法较为客观,不以研究者视角为主,且注重结果。而定性方法较为主观,可能包括研究者的观点甚至偏见,注重过程。正如Johnson和Christensen(2008)指出的那样:定量研究因具有实用性而受到欢迎,用于对研究样本进行统计上的概括,但对于探索并不十分有用,可用于记录新现象,或记录参与者的个人观点和意见等。在混合式研究中,定量研究的劣势却变成定性研究的优势方面,因为它提供了深入和丰富的信息,包括参与者的看法和个人的意见。对两种研究方法的选择主要取决于语料的性质、理论的使用和研究的目的。然而,根本问题不在于研究方法本身,选择一种研究范式而不选择另一种研究范式,是因为人们以不同的方式面对世界以及世界上的事物。

本研究采用三角剖析法,即"研究者用不同的方法来研究同一现象,以探求研究结果的整合与证实"(Johnson & Christensen,2008:451)。Lodico、Spaulding和Voegtle(2006)注意到,在三角剖析法中,研究人员比较分别用定量和定性方法收集的数据,看看通过它们是否能得到相同的结果。McMillan和Schumacher(2006)解释说,三角剖析法涉及不同数据来源、数据收集策略、时间周期和理论方案之间的交叉验证。研究人员试图用不同的方法发现所收集的语料的规律性，看看相同的规律是否反复出现。本书采用定量和定性数据收集工具，即课堂观察、调查问卷和访谈。此外，从不同学校的参与者中收集数据并进行分析，看看它们是否得到相似的结果。Johnson 和 Christensen（2008）认为，三角剖析法可以大大增加研究结果的可信度。他们进一步指出，有了指向相同的结论或推论，研究者陈述自己的发现时会更有信心。因此，研究人员希望三角剖析法的使用有助于提高本研究结果的可靠性。

第二节　研究对象

本研究的参与教师由两所大学大一年级的英语教师组成。从我们的课堂观摩来看，即使最好的学校和师生，在英语课堂上也有用到话语转换的时候。基于前期调研，我们根据定性研究的抽样特点和标准，从两所学校选定一些班级，选择符合研究要求的 10 位大学英语教师。确定所选的英语教师后，研究者对这些教师的课堂教学情况进行观摩并录音。我们从观摩的班级里面选择采用话语转换的教师作为研究对象。这些教师的母语都为汉语，是母语非英语的话语使用者。我们的研究就是关注这些教师和他们所教的班级。在这些教师和班级的课堂上都出现过话语转换现象，这些转换使用的话语为本研究提供了真实的语料，为针对师生话语行为展开具体分析提供了可能性。

学生来自全国各地，其语言技巧和知识水平参差不齐，有的学生的语言水平非常有限，因此英语教师经常会通过话语转换来使用汉语。而且，大学英语课文比高中阶段的内容要更复杂，难度更大，有时教师出于教学的需要而使用汉语。比如，大学英语课文中的词汇和语法可能包含更难的概念和文化差异等内容在里面。由于学生不断提高的语言技能与课文难度、主题内容相互作用和影响，师生在英语课堂上使用的话语转换成为有意义和有趣的研究语料。参与本研究的 10 名英语教师的具体背景信息见表 4-1。

表 4-1 教师信息

单位：岁，年

教师	数据编号	年龄	性别	学历	教龄
教师 1	D1/D2	35	男	研究生	8
教师 2	D3/D4	41	女	研究生	15
教师 3	D5/D6	29	男	研究生	3
教师 4	D7/D8	38	女	研究生	12
教师 5	D9/D10	45	男	研究生	19
教师 6	D11/D12	37	女	研究生	12
教师 7	D13/D14	33	男	研究生	10
教师 8	D15/D16	42	女	研究生	18
教师 9	D17/D18	38	女	研究生	15
教师 10	D19/D20	35	男	研究生	7

两所学校 10 名大学英语教师人选的确定基于以下考虑：所选择的都是研究者听过课的教师，由于有过接触的经历，这些教师在教学过程中再次被听课没有压力，对于自己的教学行为被观摩和被听课反应不会那么强烈，不会为了要迎合、取悦研究者而改变教学行为和课堂话语方式。本研究所选的大学英语教师，语言能力比较强，能够根据课堂上的各种需要不定时转换话语，不会影响教学任务的完成。在两所学校所选取的教师参与者都具有一定的教学经验，且具有一定的代表性。所有参与的教师都同意配合本研究，他们的年龄、受到的教学专业训练等都有所不同。

第三节 研究工具

正如 Gall 等（2007）所提到的，研究人员需要多种多样的数据收集方法，看看针对这些数据的研究结果在不同的方法中能否得到证实。以下研究工具被用来收集数据，并通过三角剖析法进行研究。

1. 研究人员

当进行定性观察时，研究者也被认为是数据收集者，因为研究人员必须决定什么是重要的、什么是研究应该收集的数据（Johnson & Christensen,

2008）。根据这种观点，研究者也被看作数据收集工具之一。在本研究中，研究者在课堂观察中可以决定什么方面的数据能够发挥关键作用，而且值得记录下来。

2. 课堂观察

在研究中，研究者承担"作为参与者的观察者"的角色，即作为观察者的角色远比作为参与者的角色重要，而研究的参与者可以完全意识到他们正在被观察（Johnson & Christensen, 2008）。本研究的课堂观摩分三个阶段：2018 年 9~10 月、2019 年 2~3 月和 2019 年 5~6 月。在第一个阶段，研究者参观每个班级，熟悉班级的场景与师生，了解不同班级课堂教学过程和模式。在第二和第三个阶段，研究者对参与本研究的教师已经非常熟悉，此时可以对他们的课堂进行正常的观摩和录音。在第二个阶段开始时，研究者听了 10 名教师每人一节时长 40 分钟的课。在第三个阶段，即第二个学期结束前，分别听了 10 名教师每人另外一节课。在这两个阶段总共听了 10 名教师的 20 节课。

研究者在听课的过程中没有告诉相关教师听课的目的，只告诉他们是考察英语课堂的教学情况。听课后与教师进行教学交流时我们才把研究的目的告诉参与教师。我们听课时使用表 4-2 来记录上课情况，针对不同课堂场景和活动做好笔记。例如，记录学习者之间的语言互动、教师对学习者的回应方式、话语转换以及师生言语互动等情况，并对相关问题进行简单的评述。

表 4-2　教师课堂观察表

观摩者	时间	日期	任课教师	学生（数）	教学任务活动 （时间）	话语转换（有否） 情况及原因	问题和评论

课堂观察的主要目的在于考察学生和教师的互动情况，同时对特定情境下的互动有更深的了解。本研究观摩的重点是教师在课堂上使用话语转换的情况。在最后两个阶段的观摩中，研究者不参与师生交流的过程，这样不会打断师生间在互动过程中的自然话语交流。而且，研究者也不对课堂教学现场作任何评论。以上所有观摩与笔记都作为录音及定性分析的补

充材料。

研究人员除了做笔记外，还对采访进行录音，以确保受访者的回答尽可能准确。从第二个学期开始，本人对所观摩的课堂都进行了录音。课堂录音有两方面的作用：一方面，对师生互动情况完整记录，特别是对大学英语教师的话语转换情况完整记录；另一方面，在对教师进行访谈时，这些记录有助于教师回忆在课堂上的所说、所想以及当时的具体情形，特别是对有话语转换的地方进行确认。在课堂观摩和录音过程开始前，研究者只告诉教师课堂观摩的目的是了解语言课堂中语言使用的方式方法。这样，一方面可以避免教师有意识地对话语转换进行回避，另一方面可以防止学生进行即时的话语转换。录音后，我们在征求教师同意后才使用录音材料。

3. 标准化开放式访谈

研究者为访谈准备了标准化的开放式问题。访谈中问题的措辞和顺序都是事先确定的，不同受访者被问及同样的问题（Johnson & Christensen, 2008）。本研究采用刺激回忆访谈法，旨在进一步了解大学英语教师在课堂教学中采用话语转换时遵循的理念与想法，设计的问题提示教师需要回忆在课堂使用话语转换时自己的想法。访谈工作在初步的录音转写和编码之后进行。访谈也能为转写和编码过程提供一些有用的信息。访谈包括以下程序：选择教师某一节课的录音播放，请教师听录音并进行回忆，同时研究者做好笔记，特别是在教师使用话语转换的地方反复听并提示其回忆，研究者对照转写的材料，确定该教师转换语言的目的和作用。录音作为对回忆的刺激手段，而这些访谈材料可以为录音转写与分析提供补充。除了进行提示回忆访谈之外，本研究还采用问题访谈（见附录2）的方式。在对大学英语教师的课堂教学进行录音后，我们随即对大学英语教师进行访谈。访谈是为了得到与教师相关的背景信息，诸如教师的学历、教学背景、教学理念，对转换语言的认知，以及学校在英语教学方面的指导方针与政策等。研究还对教师的英语教学观点，尤其是对在英语课堂上使用话语转换的观点重点关注。例如，在课堂上，教师决定在哪里转换语言以及为什么使用话语转换。

4. 问卷

本研究针对在英语课堂上使用话语转换的内容对师生进行了问卷调查（见附录1）。问卷的问题主要针对英语课堂教学中教师对转换语言的认知，试图发现在英语课堂上大学英语教师是怎样进行话语转换的，什么时候采用话语转换，话语转换的频率怎样，以及话语转换的目的与功能是什么等。

本研究设计的问卷采用封闭式问题（要求回答者从预先提供的答案中选择）的组合（Johnson & Christensen, 2008）。项目采用李克特量表式调查问卷形式，采用5分制，要求回答者在问题的陈述上给他们认可的级别和程度打分（Gall et al., 2007）。例如，回答者被要求选择他们对大学英语教学中话语转换的感知。每个问题有5个选项：强烈赞同、赞同、不确定、不赞同和强烈不赞同，从5至1分别标注序号。受调查的大学英语教师要选择一个符合自己情况的选项。如果教师强烈赞同所陈述的情况，就选择序号5，强烈不赞同则选择序号1，以此类推，选择不同的序号表明不同的认知。问卷调查分四个部分，共20个问题陈述。

第四节　话语分析

对话语转换的话语进行定量统计是为了补充定性分析的不足。研究者对大学英语教师话语转换的话语行为会有印象性评价，比较性和概括性也不那么强。使用数据分析有助于对教师转换语言时的话语类型、频率及功能有一个整体的描述。此外，使用数据分析还使我们可以较容易地统计每名大学英语教师在每节课使用了多少话语单位，以及在话语单位里涉及话语转换的量的情况。我们将大学英语教师的课堂话语按照一定的要求进行切分，并按不同类型的话语单位及话语转换类型进行编码。我们的分析方法采用民族志学及话语分析方法等。首先，民族志学分析关注课堂参与，即参与的大学英语教师对课堂教学事件的主观性解释，以及对课堂言语社区行为规则系统的完整理解。研究者关注课堂参与者使用的所有话语。其次，研究者采用录音的方法收集语料，并转写语料。再次，在话语分析过程当中，我们把民族志学的方法引入功能分析。话语转换的功能可以通过大学英语教师对话语转换的认知来体现。

一　转写编码

本研究对大学英语课堂进行录音，并转写语料，主要针对教师和学生的话语。用 T 代表教师,用阿拉伯数字代表大学英语教师的编号,S 代表单个学生,Ss 代表多个学生。课堂上一些非语言或副语言特征,如笑声、手势、语调、音量及打断等也记录进课堂观摩笔记,来弥补转写不能提供师生面部表情等特征的不足。转写的符号约定参照 Baker(1997)提出的标准。几次听音都不能辨别的话语,用"(xxx)"表示;不清晰但可以猜测的话语,我们用括号里加猜测的词的方式,例如转写成"(see)";在必要的地方,我们在转写话语的后面用尖括号加上对非言语行为的评论或注释,如 <smiling>,表示此时在笑或幽默话语。话语后面一般不用标点符号,而用一些标记符号来表示一些特征,如短暂停顿用逗号",",长时间停顿用点号"(.)",还有用问号"?"表示升调或提问。所有转写符号及所代表的含义见附录 3。我们采取括号里加注一些说明或评论的方式来处理录音模糊的部分,这种情况在我们所观摩的课堂里并不是很多。

  本研究根据 Lisa(2003)的观点用定性和定量的方法来分析课堂话语,以小句作为话语单位,有时候小句附加不带主语或动词的从属小句或省略小句。对课堂话语切分的另外一个标准是停顿。停顿表示意义上完整的话语。然而,有些模棱两可的情况,我们需要判断话语单位的开始和结束。如果一个话语单位是一个完整的语义单位,那么在这个话语单位的前后应该有过渡词语或话语标记语、停顿或重复性的表达。我们把大学英语教师的话语切分成不同的话语单位:①纯英语单位(U1),指完整的英语话语;②纯汉语单位(U2),指完整的汉语话语;③英语夹汉语单位(U3),指话语以英语为主,里面嵌入了汉语词汇或短语;④汉语夹英语单位(U4),指话语以汉语为主,里面夹杂英语单词或短语。

  所有话语转换根据功能被分成三大类,每个大类下面又有几个不同的功能类(见表 4-3)。所有话语转换的不同功能类的划分基于两个方面:一是研究者在转写课堂话语的过程中对话语功能的确认,二是基于其他学者的类似发现。为了减少编码的错误和模棱两可,我们反复对教师的话语进行推敲,并最终确定话语单位的功能。同时,在功能编码过程中,我们研究了大学英语教师的话语功能,弄清大学英语教师在当时上课时讲话的目的是什么。为了增强编码的可靠性,我们对所有 20 节课都进行了两次编码。

表 4-3 话语转换的功能描述

分类	功能类	描述
话语转换围绕课文或主题内容	语法教学（F1）	解释词汇和语法知识
	引导回答（F2）	引出学生的回答或翻译
	内容澄清（F3）	澄清所教的语言知识
	举例重复（F4）	举例翻译
话语转换围绕课堂管理	课堂管理（F5）	班级纪律管理（邀请，管理对话，维持纪律，处理冷场，引起注意，发指令等）
话语转换围绕协调人际关系	语言幽默（F6）	缓和气氛讲笑话
	赞扬与评论（F7）	表扬、赞赏、鼓励学生
	人际与身份（F8）	构建人际与身份（缩短社会距离，使人际和谐，身份认同协调等）

根据话语单位的不同类型以及这些话语单位使用的目的和功能，我们定性和定量分析所转写的话语中英语和汉语使用的比例，课堂话语中每个话语功能的话语单位数量及话语标记语的使用情况（如 well，yeah，ok，good 等）及其使用功能。我们也从社会变量角度来对比教师的课堂话语使用，如性别等。

二 定量分析

许多研究者基于不同的研究目的对话语分析单位有不同的标准。如以语法研究为目的的话语分析，小句或句子是基本分析单位。Crookes（1993）讨论了二语话语中一些基本的分析单位，他指出传统的分析单位如句子，更适合用来分析书面篇章，而不适合分析口语话语。在课堂话语分析中，一般不把句子作为分析单位，因为句子一般都要求有动词出现，但并不是所有的交际话语都有动词。我们采用小句作为我们的分析单位，这些小句不一定有主语和动词性谓语。例如，对学生问题回答的话语，或教师自己重复的话语，我们都把它们看作是话语单位。同时，话语切分的时候也考虑到交际功能或价值。

根据 Poplack（1980）的三分法，我们把教师的话语转换分成单位内、单位间、附加单位三种类型。因此，一些话语转换的标记语，如 yeah、ok 和 good 等，可能作为前面话语单位的一部分，或者后面话语单位的一部分,这取决于实际话语的交际功能,或者两个部分可以构成一个整体、一个单位。这些过渡性标记语经常触发话语转换。yeah、ok、good 等过渡性话语如果单独说出来,我们也把它们算作单独的话语单位。这些过渡性的词很容易被辨别出来并标记。

基于 Myers-Scotton 的矩阵语言框架模式,每个话语单位后面既标记语言类型,同时也标记功能类型。根据前人的研究以及先导调查,本研究在转写大学英语教师的话语转换时列出了一系列话语功能。我们对大学英语教师使用话语转换的这些话语功能进行了较为详细的列举。例如,在最后一次课上,话语转换用来复习语法,呈现新语法规则,进行句型操练和词汇解释,以及听写、纠正错误等。初步的分析显示,这样分类太过具体,比如,很难判断哪些语法是新的、哪些是旧的。因此,我们减少并合并一些主题,对相应功能进行整合。例如,词汇与语法主题可以合在一起。也就是说,话语转换其中的一个功能就是为了解释词汇和语法。所以本研究根据语料的转写与话语研究,把大学英语教师话语转换的主要功能合并成八个。

我们对不同教师话语单位的使用情况进行比较与分析。首先,统计教师和学生话语单位的使用频率,即在每节课上,大学英语教师和学生各自使用的话语单位数量及分布情况。其次,统计每节课上每名大学英语教师四种语言类型的话语单位使用数量及分布情况,每种功能的话语单位数量及分布情况,以及不同语言类型中不同功能的话语单位的分布情况。研究者在统计的过程中会考虑每名大学英语教师的录音情况,即把每名大学英语教师的课堂话语单位加起来总体考虑,同时计算每个英语教师两节课话语单位的平均值。具体包括:大学英语教师与学生的话语分布及话语单位量;不同大学英语教师话语单位数量的比较;不同性别教师的话语单位分布;每节课的话语使用分布;每名教师不同功能类型的话语量分布;等等。

三 定性分析

社会与个人因素会影响大学英语教师的课堂话语行为,如学校的语言政策、语言认知、教学传统,不同课堂的教学任务甚至学生行为等。对大学英语教师的课堂话语主要以定性分析为主。首先,基于对大学英语教师的访谈和Myers-Scotton的矩阵语言框架模式理论,我们描述和分析话语转换的功能;其次,基于本研究收集的语料,并参考其他研究的功能类型划分,如Gumperz等学者研究的分类。针对每个话语单位,根据转写方案来处理,并根据话语转换的目的来编码。通过英语课堂的具体情形,研究分析话语转换产生的原因以及目的。不同话语转换涉及的话语单位长度与结构不同。话语转换的部分可以是简单的词汇,可以是短语,也可以是小句。我们根据不同课堂及不同大学英语教师来统计话语转换情况。我们基于不同的教学目的,研究大学英语教师话语转换的方向,如从汉语到英语,或从英语到汉语等。例如转至汉语,是为了讲解文化知识的内在含义,确保每个学生听到和听懂,并检查学生是否听懂课文里的每一句话。有时候,转换为汉语后又转回到英语,是因为毕竟英语是学生学习的目标语,教师最终会回到英语进行教学。

第五节 研究伦理

Taylor & Bogdan(1998)建议,观察研究人员应该先获得组织或机构主管的许可,再对相关组织或机构进行访问。本研究中,研究人员联系学校教务部门,提出相关请求。在收到相关部门的许可信后,研究人员联系大学英语教师。在征得教师的同意后,研究人员召集相关教师开会,通报本研究的一些要求,并征得教师的口头同意。学校的部门负责人和老师的许可主要是口头的,但会记录在案,研究人员让他们在记录上确认。研究人员另外还专门召集负责人和研究参与者开会,解释本研究的目的,同时与参与者建立融洽的关系,告知他们有权退出研究而不用担心有任何后果。研究参与者进一步得到保证:他们所提供的各种身份信息不会被披露并受到严格的保密。参与者在访谈中也没有被要求告知他们的名字,调查问卷不需要参与者将他们的个人细节填满,以向他们保证是匿名问卷。研究人员使用一些代码,代表学校和大学英语教师。

第五章 话语转换的认知

第一节 教师对话语转换的认知

大学英语课堂上的话语转换非常普遍。那么，人们对话语转换是如何看待和认知的？特别是大学英语教师在课堂教学过程中不自觉地使用了话语转换，师生对这种话语转换的认知怎样？许多情况下，人们对英语课堂上的话语转换习以为常。教师与学生很少关注课堂上语言的选择与变化。一般来说，英语课堂研究者比较关注如何使英语课堂上的话语转换最少，他们认为话语转换要么说明学习目标语的失败，要么是学生不愿意学习目标语。Cummins 和 Swain（1986）认为，在课堂上只有使用一种语言才能促进二语学习进步，主张教师在课堂上使用目标语以抵消学生使用母语的倾向。但是，Romaine（1989）认为，母语是双语社区里大多数双语者的语言资源。Schmitt（1997）认为，学习者掌握的母语是他们学习二语词汇的重要资源之一。Hussein（1999）调查了约旦大学学生对话语转换的态度和认知情况，包括学生在什么时间、为什么使用话语转换，以及他们使用最频繁的外语和母语情况。在单语言语社区，研究者关注的是说话者通常不能决定为什么发生话语转换。在我们的教学理论研究和教师训练中，一般认为在英语课堂上转换语言是一种产生相反效果的行为，而且讨论焦点集中在如何阻止使用母语，根本不考虑是什么原因引起的。大量课堂观摩表明，即使"理想"的双语者有时候也会在说一种语言时使用另一语言中的词汇。一些学者支持在二语教学中转换语言使用母语（Atkinson，1993；Auerbach，1993；Wechsler，1997）。教师基于实际情况和教学效率有选择地转换语言。以上研究对外语课堂使用话语转换都有不同的认知和结论。

为了了解师生对大学英语课堂话语转换的认知情况,本章采取问卷的方式,对大学英语教师与学生进行有关话语转换的认知调查。调查分两部分:一是教师对话语转换行为的认知情况,以及使用话语转换所要达到的教育和交际目的等;二是学生对课堂话语转换的认知情况,即学习者在英语课堂里是如何看待教师使用话语转换的,以及教师何时和为什么转换语言,话语转换的相关功能是什么等。

表 5-1 教师对话语转换的认知

单位:%

问题	强烈赞同	赞同	不确定	不赞同	强烈不赞同
问题1	50	42	2	6	0
问题2	44	42	2	10	2
问题3	46	44	2	8	0
问题4	44	42	4	10	0
问题5	44	46	0	6	4
问题6	40	52	2	6	0
问题7	42	52	2	4	0
问题8	42	40	6	10	2
问题9	42	38	6	10	4
问题10	42	52	0	6	0
问题11	38	50	2	10	0
问题12	24	42	6	18	10
问题13	20	38	6	26	10
问题14	38	42	2	14	4
问题15	42	48	0	10	0
问题16	40	46	4	10	0
问题17	38	52	0	8	2
问题18	42	52	0	6	0
问题19	20	40	6	30	4
问题20	40	48	2	8	2

本研究针对大学英语教师与学生设计了有关话语转换的调查问卷（见附录1）。我们一共收到50名教师和100名学生的回答，全部有效。问卷分四个部分。之前是有关大学英语教师个人及教学相关背景等情况，包括年龄、性别、教龄、学位等。第一部分是教师个人语言水平情况。第二部分调查师生对与课文内容主题相关的话语转换的认知。第三部分是调查师生对将话语转换用于课堂管理的认知情况。最后一部分则是调查师生对话语转换作用于人际关系的认知情况。表5-1是调查问卷显示的大学英语教师对话语转换的整体认知情况。

下面从四个方面来分析大学英语教师对课堂话语中话语转换的认知：①对使用话语转换的教师个人语言水平的认知；②对与课文内容主题相关的话语转换的认知；③对与课堂管理相关的话语转换的认知；④对与师生人际关系相关的话语转换的认知。

一　对使用话语转换的教师个人语言水平的认知

这部分包括5个问题，即话语转换与大学英语教师的英语水平的关系。

问题1：使用话语转换的教师能够清楚地表达他们的教学意图。

表5-2　问题1的结果频率分布

单位：%

	选项	频率	百分比
有效值	强烈不赞同	0	0
	不赞同	3	6
	不确定	1	2
	赞同	21	42
	强烈赞同	25	50
	总计	50	100

问题1关注大学英语教师使用话语转换能否清楚地表达他们的教学意图。结果显示，92%的参与调查的教师赞同或强烈赞同问题的陈述，只有6%的教师不赞同这个观点，对问题陈述的观点表示不确定的教师只占2%（见表5-2）。英语课堂中使用话语转换与教师的语言水平之间存在积极的关系，这被大多数被调查的教师认可。因为借助话语转换，那些有足够英

语水平的教师能够在课堂教学中清楚地表达他们的教学意图。他们总是根据教学任务的需要来使用话语转换，并达到教学目的。

问题2：教师使用话语转换会促进学生对教学任务的理解。

表 5-3　问题 2 的结果频率分布

单位：%

选项		频率	百分比
有效值	强烈不赞同	1	2
	不赞同	5	10
	不确定	1	2
	赞同	21	42
	强烈赞同	22	44
	总计	50	100

问题2调查的是大学英语教师使用话语转换是否能够促进学生对教学任务的理解。结果表明，参与调查的教师中有86%对这个问题的观点表示赞同或强烈赞同，12%的教师不赞同或强烈不赞同问题所表达的观点，只有2%的教师没有明确的认知（见表5-3）。这个结果也表明，在大学英语课堂里，教师使用话语转换可以促进学生对其教学任务的理解，包括词汇与语法要点等。

问题3：教师使用话语转换会促进语言知识建构。

表 5-4　问题 3 的结果频率分布

单位：%

选项		频率	百分比
有效值	强烈不赞同	0	0
	不赞同	4	8
	不确定	1	2
	赞同	22	44
	强烈赞同	23	46
	总计	50	100

问题 3 调查大学英语教师转换语言是否能促进学生语言知识的建构。问卷结果表明，有多达 90% 的被调查教师认可陈述所表达的观点，8% 的教师不赞同这个观点，还有 2% 的教师表示不确定（见表 5-4）。从教师的角度来看，使用话语转换是为了达到自己的教学目的，在教学过程中转换语言是根据教学任务和教学情况的需要，帮助学生完成对语言知识的建构，因而是有目的的语言行为。学生入学水平参差不齐，为了照顾水平相对较弱的学生，教师通过话语转换来帮助这些学生建构新的知识，并帮助他们对知识加强理解。

问题 4：教师使用话语转换非常自然流畅。

表 5-5 问题 4 的结果频率分布

单位：%

	选项	频率	百分比
有效值	强烈不赞同	0	0
	不赞同	5	10
	不确定	2	4
	赞同	21	42
	强烈赞同	22	44
	总计	50	100

问题 4 关注大学英语教师是否能够熟练地运用话语转换。与一般的认知相反，结果显示，86% 的教师赞同或强烈赞同陈述表达的观点。这个结果也说明，使用话语转换并不是教师一种或两种语言使用有缺陷的表现，而有足够的证据表明话语转换要求有更高的双语水平。从教师认同话语转换非常自然流畅，说明绝大部分教师对双语的运用自然娴熟。被调查的教师中只要 5 名教师不认同这个观点，还有 4% 的教师对陈述的观点表示不确定（见表 5-5）。从我们的课堂观察来看，大部分教师在教学过程中能够自如地在两种语言之间切换，学生的理解也非常到位。

问题 5：使用话语转换的教师精通英语。

表 5-6　问题 5 的结果频率分布

单位：%

选项		频率	百分比
有效值	强烈不赞同	2	4
	不赞同	3	6
	不确定	0	0
	赞同	23	46
	强烈赞同	22	44
	总计	50	100

问题 5 调查的是对使用话语转换的教师语言能力的认知。结果表明，赞同或强烈赞同该陈述的教师占 90%，不赞同或强烈不赞同的比例有 10%，被调查的大学英语教师中没有人对问题所陈述的观点不置可否（见表5-6）。受调查的教师对该陈述的认知比较一致，表明大学英语教师的英语水平普遍比较高。他们的双语能力能够操控课堂上的教学任务，驾驭语言比较娴熟。从本题的认知结果来看，绝大多数教师承认话语转换与语言水平之间有一定的关系。可见，使用话语转换并不代表教师语言水平有缺陷，话语转换要求更高的双语水平（Ferguson，2003）。

二　对与课文内容主题相关的话语转换的认知

这部分包括 5 个问题，调查英语课堂上使用话语转换是否有助于学生理解课文的主题内容和观点。一些研究（Lin，1996；Martin，1999；Pennington，1995 等）表明，话语转换在口语交流、课文评论及课文注释中起非常重要的作用。大学英语教师有时使用话语转换目的很明确，就是要给学生讲解课文的语篇意思，因为部分学生对这些课文内容掌握有限。Martin（1999）提供了一个有关语言课堂上用双语协调课文大意的很好的例子。下面具体分析对将话语转换用于课文内容教学的认知情况。

问题 6：教师能将话语转换用在课堂上的所有教学任务。

表 5-7 问题 6 的结果频率分布

单位：%

	选项	频率	百分比
有效值	强烈不赞同	0	0
	不赞同	3	6
	不确定	1	2
	赞同	26	52
	强烈赞同	20	40
	总计	50	100

结果令人意外。超过 90% 的大学英语教师赞同或强烈赞同问题陈述的观点，只有 6% 的教师不赞同问题所陈述的观点，还有 2% 的教师对表达的观点不置可否（表 5-7）。可见，绝大部分教师认可话语转换能用在课堂上的所有教学环节和教学任务中。有时大学英语教师转换话语是为了解释课堂上的各种教学任务，让学生能够理解，从而一起完成教学目标。我们发现，大学英语教师的话语转换有的是根据所讨论的话题来进行的，也有根据不同的课型进行的。在语言教学的环节，如课堂讨论、小组会话交流等，转换语言能让学生明白教师的教学意图。

问题 7：使用话语转换的教师能更好地讲解课文中的语法和词汇。

表 5-8 问题 7 的结果频率分布

单位：%

	选项	频率	百分比
有效值	强烈不赞同	1	0
	不赞同	2	4
	不确定	0	2
	赞同	26	52
	强烈赞同	21	42
	总计	50	100

问题 7 涉及对大学英语教师使用话语转换来解释语法要点和词汇的认知。调查结果与问题 6 的相近。从结果可以看出，94% 的被调查教师赞同或强烈赞同问题表达的观点，只有 4% 的教师不赞同这个观点，有 2% 的教师对此观点

不置可否（见表 5-8）。这个结果说明，当教课文语法点和词汇时，教师常常会转换语言而使用汉语，这样学生对相关知识要点的理解会更透彻。

问题 8：使用话语转换的教师能更好地建构语言理解。

表 5-9　问题 8 的结果频率分布

单位：%

	选项	频率	百分比
有效值	强烈不赞同	1	2
	不赞同	5	10
	不确定	3	6
	赞同	20	40
	强烈赞同	21	42
	总计	50	100

大学英语教师在教授语言知识的过程中，倾向于通过话语转换来更好地解释一些语法和词汇难点，帮助学生构建语言知识，加深理解。表 5-9 的结果与我们的预期比较一致。由于部分教师对"建构"的含义理解不到位，导致教师赞同和强烈不赞同的比例略低，但大多数教师（82%）赞同或强烈赞同问题所表达的观点，12% 的教师不赞同或强烈不赞同这个问题陈述的观点，有 6% 的教师对问题的观点不置可否。学生建构语言知识时需要对所学的知识有深刻理解，教师为了帮助学生达到这个目的，对语言难点如涉及文化内涵与比较等方面进行解释说明。相关语言与文化知识超出学生的知识范围与理解水平，教师有必要通过话语转换来进行解释，完成相关教学任务并帮助学生建构语言理解。

问题 9：使用话语转换的教师能更好地延伸与评价。

表 5-10　问题 9 的结果频率分布

单位：%

	选项	频率	百分比
有效值	强烈不赞同	2	4
	不赞同	5	10
	不确定	3	6

续表

选项		频率	百分比
有效值	赞同	19	38
	强烈赞同	21	42
	总计	50	100

问题 9 的调查结果显示，赞同和强烈赞同的大学英语教师占 80%，不赞同和强烈不赞同的教师达 14%，另有 6% 的教师对该问题的陈述不置可否（见表 5-10）。这个结果中赞同和强烈赞同的比例相比上述问题并不高，其原因可能是：①教师对该问题的理解有偏差，不明白"延伸"究竟指什么方面的内容；②教师通过话语转换来延伸教学内容并进行评价的情况不会很多，因为学生的水平参差不齐，大多数教师不太会延伸所教的内容，以免给学生增加额外的心理负担和智力负担。

问题 10：使用话语转换的教师能更好地举例，并澄清与所教课文相关的内容。

表 5-11 问题 10 的结果频率分布

单位：%

选项		频率	百分比
有效值	强烈不赞同	0	0
	不赞同	3	6
	不确定	0	0
	赞同	26	52
	强烈赞同	21	42
	总计	50	100

当问到使用话语转换是否会有助于教师对所教的内容进行举例并不断澄清他们所教的内容时，有 94% 的被调查教师赞同或强烈赞同问题所表达的观点，其赞同的比例相当高，而只有 6% 的教师对问题所表达的观点表示反对，没有教师的回答模棱两可（见表 5-11）。这种结果表明，绝大多数大学英语教师认可在举例过程中转换语言，同时对内容不清楚的地方也会使用话语转换进行澄清。

三 对与课堂管理相关的话语转换的认知

话语转换可以充当课堂管理中的话语资源。语言对比经常反映出课堂场景的变化（Goffman，1974），与课文内容区别并指向课文外的某些情景，如训诫学生、招呼晚到者、吸引学生的注意力等。话语转换可以区别课文内容话语与对学生管理的话语，能协调任务指令，引导学生回答问题，训诫学生，指定特定的学生回答问题等。问卷这部分包括5个问题。

问题11：教师使用话语转换能改变任务指示。

表5-12 问题11的结果频率分布

单位：%

	选项	频率	百分比
有效值	强烈不赞同	0	0
	不赞同	5	10
	不确定	1	2
	赞同	25	50
	强烈赞同	19	38
	总计	50	100

问题11的调查结果显示，88%的被调查大学英语教师赞同或强烈赞同问题陈述的观点，10%的教师表示不赞同，只有有2%的教师认知不明确（见表5-12）。在教学过程中，教学任务设计涉及很多项目，每个项目的进程都需要教师进行明确，让学生有充分的准备时间并参与活动。为了明确某一教学任务的要求，教师通常会转换话语来发出任务指令，以便有效地组织教学。

问题12：使用话语转换的英语教师能更好地管理会话进度。

表5-13 问题12的结果频率分布

单位：%

	选项	频率	百分比
有效值	强烈不赞同	5	10
	不赞同	9	18
	不确定	3	6

续表

单位：%

选项		频率	百分比
有效值	赞同	21	42
	强烈赞同	12	24
	总计	50	100.0

问题12的调查结果表明，超过60%的被调查的大学英语教师赞同或强烈赞同这个问题表达的观点，但比例相比上面的问题要低。多达28%的教师表示不赞同强烈不赞同，还有6%的教师对观点不置可否（见表5-13）。通过对部分大学英语教师的访谈，我们了解到一些原因。一些教师认为，他们非常清楚地意识到能够使用话语转换去管理会话的进度，但是由于会话基本上是目标语操练，这时教师若转换语言，会使得会话进程受到影响。教师如果要介入学生的会话，一般不转换语言，而是使用目标语。

问题13：使用话语转换的教师能更好地维持课堂纪律。

表5-14 问题13的结果频率分布

单位：%

选项		频率	百分比
有效值	强烈不赞同	5	10
	不赞同	13	26
	不确定	3	6
	赞同	19	38
	强烈赞同	10	20
	总计	50	100.0

问题13是关于大学英语教师使用话语转换是否能更好地维持课堂纪律。调查结果显示，只有58%的教师赞同或强烈赞同问题表达的观点，有36%的教师表示不赞同或强烈不赞同，有6%的教师没有明确地表示赞同还是不赞同（见表5-14）。这个结果与上述问题的结果相差较大，特别是赞同和强烈赞同的比例相对低些，还不到60%。通过访谈和观摩，我们认为，大学课堂的纪律强调自觉，大多数学生出于自身学习的需要比较遵守上课纪律。教师使用话语转换来强调纪律的情况不是很多。有时老师为了维持上课纪律，对学生上课不听讲、玩手机等行为会加以制止，可能会转换语

言来强调纪律,引起学生对上课内容的注意。

问题 14:使用话语转换的教师能更好地强调任务进程。

表 5-15　问题 14 的结果频率分布

单位:%

	选项	频率	百分比
有效值	强烈不赞同	2	4
	不赞同	7	14
	不确定	1	2
	赞同	21	42
	强烈赞同	19	38
	总计	50	100

问题 14 调查大学英语教师使用话语转换是否能更好地对教学进程加以强调。有 80% 的被调查教师对问题所陈述的观点表示赞同或强烈赞同,有 18% 的教师表示不赞同或强烈不赞同,还有 2% 的教师对问题所表达的观点不置可否(见表 5-15)。从结果看,话语转换可以强调任务进程还是得到大多数教师的认可。在教学过程中,比如有学生不明白语法和词汇的知识要点,或者没有听懂教师的全英文教学内容,教师会根据情况转换语言来对相关教学内容以及任务的衔接与进程进行强调。

问题 15:使用话语转换的教师能更好地处理冷场情况。

表 5-16　问题 15 的结果频率分布

单位:%

	选项	频率	百分比
有效值	强烈不赞同	0	0
	不赞同	5	10
	不确定	0	0
	赞同	24	48
	强烈赞同	21	42
	总计	50	100

从回答问题的结果来看,有 90% 的大学英语教师赞同或强烈赞同问

题所陈述的观点，只有 10% 的教师对问题所陈述的观点表示不赞同（见表 5-16）。这个结果与 Arthur（1996）的研究结果相似，他也认为话语转换可以用于特定的场合，如教学进程中出现冷场的情况，特别是在小组会话活动以及学生与教师交流的过程中，学生对教师布置的任务没有领会而等待老师进一步明确，教师会通过话语转换来进行说明。

四 对与师生人际关系相关的话语转换的认知

课堂是一个微型社区，具有社会属性。英语课堂上人与人之间的关系反映在课堂话语里。课堂上经常有表达人际情感与关系的话语，也有反映师生关系的话语转换。此类话语转换更多强调这样一个事实，即：课堂不仅是一个正规的学习场所，也是一个社会环境场所，教师和学生可以在课堂交际里协调关系和身份。

研究表明，课堂中使用目标语通常反映的是更疏远、更正式的师生关系，而使用当地语言则表明一种更个人化的师生关系（Adendorff, 1993; Canagarajah, 1996; Lin, 1996）。课堂活动就是教师与学生基于关系和身份的互动。通过课堂话语可以明确教师与学生的关系与身份地位。如果教师为了与学生建立一种更平等的社会关系，体现更个人化的关怀，鼓励学生更多地参与互动，在情况允许的条件下，可以通过转换语言实现。下面的 5 个问题探讨大学英语教师通过话语转换协调人际关系的情况。

问题 16：使用话语转换的教师能更好地邀请学生参与。

表 5-17 问题 16 的结果频率分布

单位：%

	选项	频率	百分比
有效值	强烈不赞同	0	0
	不赞同	5	10
	不确定	2	4
	赞同	23	46
	强烈赞同	20	40
	总计	50	100

问题 16 的调查结果显示，有 86% 的被调查大学英语教师赞同或强烈赞同问题所陈述的观点，有 10% 的教师表示不赞同该问题表达的观点，还有 4% 的教师对该问题表达的观点不置可否（见表 5-17）。这个结果与我们实际观察到的情况比较一致。在英语课堂上，教师为了完成教学目标设计众多任务，包括听说任务等。为了让学生配合，教师会有意识地在必要的时候使用话语转换邀请学生参与其组织的活动，并鼓励学生积极参与。

问题 17：使用话语转换的教师能更好地进行个别指导。

表 5-18 问题 17 的结果频率分布

单位：%

	选项	频率	百分比
有效值	强烈不赞同	1	2
	不赞同	4	8
	不确定	0	0
	赞同	26	52
	强烈赞同	19	38
	总计	50	100

问题 17 的调查结果显示，有 90% 的大学英语教师对问题的观点表示赞同或强烈赞同，只有 10% 的教师表示不赞同或强烈不赞同，没有教师对问题陈述的观点表现出模棱两可的态度（见表 5-18）。他们对这个问题的态度都非常明确。在教学过程中，由于部分学生英语水平较低，在教学活动中需要对个别学生进行必要的指导，为此教师通过话语转换进行辅导提示等，帮助学生加强对其所讲的语法要点和内容等的理解。

问题 18：使用话语转换的教师能更好地表扬和称赞学生。

表 5-19 问题 18 的结果频率分布

单位：%

	选项	频率	百分比
有效值	强烈不赞同	0	0
	不赞同	3	6
	不确定	0	0

续表

选项		频率	百分比
有效值	赞同	26	52
	强烈赞同	21	42
	总计	50	100

从调查的结果来看，有 94% 的大学英语教师对这个问题表达的观点表示赞同或强烈赞同，比例相当高，只有 6% 的被问教师对问题陈述的观点表示不赞同。其他两个选项没有教师选择（见表 5-19）。这说明他们的态度非常明确。大多数参与调查的教师说，他们会转换语言来表扬学生或称赞学生，以鼓励学生的上课表现。

问题 19：使用话语转换的教师能更好与学生保持等同身份。

表 5-20　问题 19 的结果频率分布

单位：%

选项		频率	百分比
有效值	强烈不赞同	2	4
	不赞同	15	30
	不确定	3	6
	赞同	20	40
	强烈赞同	10	20
	总计	50	100

结果显示，有 60% 的被调查大学英语教师对问题表述的观点表示赞同或强烈赞同，而有高达 34% 的教师表示不赞同或强烈不赞同，还有 6% 的教师对问题陈述的观点表示不确定（见表 5-20）。这个结果与我们期望的不一致，我们原以为会有更多的大学英语教师对问题的观点表示赞同或强烈赞同。而赞同和强烈赞同比例不高的原因可能是：①不大明白这个问题问的是什么，对身份认同问题不太了解；②课堂中的社会地位一直是很明确的，教师占据主导地位，学生占据次要地位，学生一般是根据教师的课堂安排进行活动，地位悬殊的感觉比较明显。

问题 20：使用话语转换的教师能更好地让学生自我修复话语。

表 5-21　问题 20 的结果频率分布

单位：%

选项		频率	百分比
有效值	强烈不赞同	1	2
	不赞同	4	8
	不确定	1	2
	赞同	24	48
	强烈赞同	20	40
	总计	50	100

问题 20 的调查结果表明，高达 88% 的大学英语教师对问题表达的观点持肯定的认知，赞同或强烈赞同这个观点，而只有 10% 的教师对这个问题的观点表示不赞同或强烈不赞同，还有 2% 的教师对问题的观点态度不明确（见表 5-21）。自我修复话语指，学生回答问题错误，想改变观点回答。这时教师可能会转换语言来协调学生进行。这体现出教师意欲鼓励学生参与，并希望得到更准确的答案。因此，话语转换从情感氛围管理方面来看，可以作为一种资源来更好地与学生进行协调。

第二节　学生对话语转换的认知

我们收集了 100 名学生对大学英语教师在课堂上使用话语转换的认知情况。下面同样从四个方面来分析学生对课堂话语中话语转换的认知：①对使用话语转换的教师个人语言水平的认知；②对与课文内容主题相关的话语转换的认知；③对与课堂管理相关的话语转换的认知；④对与师生人际关系相关的话语转换的认知。

表 5-22　学生对教师使用话语转换的认知

单位：%

问题	强烈赞同	赞同	不确定	不赞同	强烈不赞同
问题 1	43	44	5	7	1
问题 2	38	40	2	12	8

续表

问题	强烈赞同	赞同	不确定	不赞同	强烈不赞同
问题 3	45	41	3	10	1
问题 4	37	40	8	11	4
问题 5	42	38	2	13	5
问题 6	47	43	1	7	2
问题 7	43	48	2	6	1
问题 8	43	48	0	6	3
问题 9	47	44	2	5	2
问题 10	39	53	1	7	0
问题 11	37	51	0	10	2
问题 12	25	39	7	23	6
问题 13	21	39	4	28	8
问题 14	39	40	6	13	2
问题 15	40	51	1	8	0
问题 16	39	50	0	8	3
问题 17	43	48	1	8	0
问题 18	40	52	0	8	0
问题 19	21	44	3	24	8
问题 20	39	49	1	9	2

一 对使用话语转换的教师个人语言水平的认知

表5-22汇总了100个学生对教师在英语课堂上使用话语转换的总体认知情况。在问题1中，87%的学生赞同或强烈赞同问题所陈述的观点，只有8%的学生对这个问题的观点持反对意见，还有5%的学生对此问题的观点态度不明确。在问题2~5的调查结果中，分别有78%、86%、77%和80%的学生表示赞同或强烈赞同，都低于教师的认知比例。造成这个结果的原因可能是，学生群体对相同问题的感知没有教师深刻，因为学生的认知停留在学习语言知识上，对话语转换作为教学技巧的感知远不如教师。

二 对与课文内容主题相关的话语转换的认知

问题 6 的结果显示，90% 的学生表示赞同或强烈赞同，有 9% 的学生表示不赞同或强烈不赞同，还有 1% 的学生表示不确定。这个结果与大学英语教师的问卷结果基本一致（92% 的大学英语教师表示赞同或强烈赞同，只有 6% 的大学英语教师表示不赞同，2% 的大学英语教师没给出明确意见。）

问题 7 的结果表明，相当多的学生对问题表达的观点表示赞同或强烈赞同（91%），而教师赞同或强烈赞同比例也达 94%。8~10 三个问题的结果显示，学生赞同或强烈赞同的比例较高，依次为 91%、91% 和 92%，而教师赞同或强烈赞同的比例依次为 82%、80% 和 94%，在问题 8 和 9 上比例稍低。上述结果表明，大多数学生对教师将话语转换用于对课文内容的讲解比较认同，因为学生受益于教师通过话语转换来帮助自己理解语言。我们也发现，在教师解释与课文相关的文化、语法和词汇等内容时，学生期待更多的话语转换。

三 对与课堂管理相关的话语转换的认知

问题 11 的结果显示，有 88% 的学生赞同或强烈赞同问题所陈述的观点，只有 12% 的学生表示不赞同或强烈不赞同。与大学英语教师的回应相比，赞同和强烈赞同的比例一致。显然，大学英语教师和学生大部分都期望教师在改变任务指示时转换语言，来澄清让学生所做的任务。问题 12 的结果显示，有 64% 的学生赞同或强烈赞同问题中的观点，有 29% 的学生表示不赞同或强烈不赞同。相比而言，大学英语教师的赞同和强烈赞同的比例大致相当（66%），表示反对的比例也较一致（28%）。可见，两个群组对这个问题的认知大体一致。在问题 13 中，60% 的学生赞同或强烈赞同，36% 的学生表示反对。与教师的回答（58%）相比，学生赞同和强烈赞同的比例相对高些。Merritt 等（1992）认为，教师更可能倾向于使用学生的母语来处理课堂纪律。问题 14 的调查结果显示，对于问题陈述的观点有 79% 的学生表示赞同或强烈赞同，有 15% 的学生表示不赞同或强烈不赞同，还有 6% 的学生表示不确定。相比于学生的调查结果来看，教师表示赞同或强烈赞同的比例相当（80%）。我们注意到，在我们的语料中，教师1在课堂上听写完后通过话语转换多次强调转入下一个教学任务，让学生集中精力跟上教学进程，保持课堂安静。因为这时听写任务完成，同学之间进行交流，看看自己的听写是不是正确。教师则通过话语转换来提醒并让学生保持安静，马上进入下一个教学环节。问题15的调查结果显示，有91%的学生赞同或强烈赞同问题所表达的观点，只有8%的学生表示不赞同，还有1%的学生对问题的观点不置可否。教师对该问题的观点认可的比例与学生大致相同（90%）。

四　对与师生人际关系相关的话语转换的认知

最后5个问题是对教师使用话语转换来协调人际关系的认知。问题16的调查结果显示，89%的学生对问题陈述的观点表示赞同或强烈赞同，比教师的比例稍高（86%），但也大致相同；有11%的学生表示不赞同或强烈不赞同，与教师的比例也相当（10%）。这个结果表明，大多数学生认可教师使用话语转换有利于邀请学生参与教学任务，认为指示明确，学生容易清楚教学环节的要求，从而积极参加互动。这从我们的调查和课堂观摩中可以得到证明，从我们分析的话语功能中也可以说明。问题17的调查结果显示，有91%的学生赞同或强烈赞同问题的陈述，与教师的调查结果中赞同或强烈赞同的比例相当，不赞同的学生占8%，表明教师和学生都希望转换语言来对学生进行个别指导。原因可能基于这样一个事实：大多数学生的英语程度还比较低，学生也希望教师通过话语转换来对基础比较弱的学生进行个别指导。转写的课堂语料中有很多话语转换是师生间的交流。问题18的调查结果显示，92%的学生赞同或强烈赞同问题陈述的观点，有8%的学生不赞同。和对教师的调查结果相比，教师赞同和不赞同的比例略高（94%）。我们期望大学英语教师能采用不同的方法来活跃课堂气氛，在教学过程中，对学生表现好的时候及方面进行适当的褒奖，有利于学生增强语言学习的信心。从语料和课堂观摩来看，我们发现课堂上教师表示肯定和赞赏的情况较多。问题19的调查结果表明，有65%的学生对问题的观点表示赞同或强烈赞同，32%的学生对此表示反对，还有3%的学生对该问题的观点不置可否。与教师的调查结果相比，学生赞同和强烈赞同的比例略高，但与其他问题相比，整体都偏低。其原因也是学生对问题的理解有偏差，可能对"等同身份"的概念第一次听说，不是很理解，而且在平时教学中，师生间也是一种很自然的关系。最后一个问题的调查结果表明，有 88% 的学生对问题的观点表示赞同或强烈赞同，而 11% 的学生对此不赞同或强烈不赞同。而大学英语教师样本中，有 88% 的教师表示赞同或强烈赞同，10% 表示不赞同或强烈不赞同。这表明，学生与教师的认知结果大致相当。

第三节　师生对话语转换的认知差异

上面分别统计了师生对大学英语教师在英语课堂上使用话语转换的认知情况。下面我们分析和讨论师生对教师使用话语转换的认知差异。

我们发现，教师和学生对课堂上教师使用话语转换的认知存在差异。在一部分问题上，认知差异比较显著。如对问题 2 的回答，两个样本呈现的认知结果存在较大差异。78% 的学生赞同或强烈赞同该问题陈述的观点，而有 20% 的学生表示不赞同或强烈不赞同该问题陈述的观点。相比而言，教师的回答结果表现出较高的认同比例，86% 的教师对问题的观点表示赞同或强烈赞同，而有 12% 的教师对此问题的观点表示不赞同或强烈不赞同。师生对此问题的意见表现出较大差异，对学生的调查结果表明话语转换在英语课堂上并不能促进对教学任务的理解。又如问题 4，两个样本调查的结果表明，他们认同该问题观点的程度不同。学生对该问题的观点表示赞同或强烈赞同的比例达 77%，而教师赞同或强烈赞同的比例为 86%。这个百分比的差异表明，学生期望老师能够更加自由熟练地进行话语转换。问题 9 的回答结果也显示了类似的情形。有 91% 的学生对这个问题的观点表示赞同或强烈赞同，而教师对问题的观点赞同或强烈赞同的比例则相对低很多（80%）。我们认为，学生期待教师在解释文化主题、语法词汇或与课文内容相关的内容时能够通过话语转换延伸更多内容并进行评价。上述结果表明，教师和学生在对教师话语转换的认知上，有部分问题存在不同的观点。他们对三个问题的回答表现出较大差异，且这些差异具有显著性。

本章讨论分析了大学英语教师和学生对问卷的所有回答,并展示他们对英语课堂上教师使用话语转换的认知。有些结果与所预期的相反,特别是问题2、问题4、问题9。师生对这些问题的观点持赞同或强烈赞同意见的比例有所差别。学生对教师在英语课堂上话语转换的认知与教师自己的认知在大部分问题上比较一致。这种一致性表明,师生对英语课堂上使用话语转换采取积极的认知。然而,两个群组也有一定的差异。这些差异的存在也提示,英语课堂中的话语转换需要和实际教学任务结合起来。

第六章　话语转换的结构模式及语言使用特征

第一节　话语转换的结构模式

许多研究者对双语社区的话语转换模式与话语转换中的话语使用量做了不同角度的研究（Berk-Seligson，1986；Gardner-Chloros，1991；Lu，1991；Bentahila & Davies，1995）。这些研究非常关注言语社区内不同语言的使用，关注话语转换的结构及影响话语转换的社会因素。这些研究主要是对自然言语社区的话语转换进行描述和讨论，涉及从词汇层面到结构层面的话语转换。英语课堂言语社区中的话语转换模式有其自身的特点。我们从所转写的所有大学英语课堂话语中挑出含有话语转换的话语，包括从英语到母语汉语，以及从母语汉语到英语。本书区分两个层面的话语转换结构模式，一个是词汇与短语层面的话语转换，另一个是小句层面的话语转换。我们关注单位间和单位内的话语转换情况，统计和分析话语转换的结构模式。

所有参与调查的大学英语教师的课堂话语中，涉及话语转换的有5863例（见表6-1）。话语转换最多的是小句，占总数的63.47%。这个结果说明，教师的课堂话语转换中有很多是翻译，或重复的话语比较多。可能的原因是，学生的水平有限，对句子不理解，教师觉得有必要进行话语转换来给予解释。话语转换第二多的是名词，占11.51%，这可能是由教师对语法和词汇的讲解比较多造成的。其他类别的占比由多到少依次是副词（6.46%）、短语（6.45%）、动词（3.97%）、形容词（2.85%）、叹词（1.64%）、介词（1.48%）、连词（1.23%）和代词（0.94%）。英语课堂最常见的词汇层面的话语转换是名词，很大一部分是关于难词、生词的解释和翻译。

表 6-1　话语转换类别分布

单位：例；%

	类别	话语转换数量	百分比
1	小句	3721	63.47
2	名词	675	11.51
3	副词	379	6.46
4	短语	378	6.45
5	动词	233	3.97
6	形容词	167	2.85
7	叹词	96	1.64
8	介词	87	1.48
9	连词	72	1.23
10	代词	55	0.94
	合计	5863	100.00

除了大学英语教师在话语转换中大量使用名词外，我们发现，话语转换中居第二位频繁出现的词类是副词。这与其他研究（如 Ho-Dac Tuc, 2003；Gardner-Chloros, 1991）统计的结果不同，Gardner 等人的研究认为，自然话语中交际者使用第二多的是动词。本研究中副词的使用占到话语转换总数的 6.46%，动词的使用居词类的第三位。出现这种情况的原因可能是，课堂中的话语转换与自然言语社区不同，其交际者不是天生的双语者。大学英语教师在小句层面使用话语转换的情况最多，也与自然话语社区里话语转换的情况有很大的差别。

一　小句层面的话语转换

小句层面的话语转换是大学英语教师在不同语言间的转换，一般指在某个时间说出一个小句话语或几句并列话语，然后转换话语说出另一语言的小句话语。相邻的两种语言都是以小句形式出现。可以是主从句说不同的语言，即目标语和母语同时出现在一个主从复合句中，也可以是两个不同语言小句的并列，一前一后。这里有两种不同的情形。第一种情形是话语单位间的话语转换很明显，由不同语言来分界。第二种情形是不同话语单位语言类型间的转换，也即纯英语（U1）或纯汉语(U2)话语单位与混合语言话语单位（U3、U4）之间相互转换，如英语(U1)话语单位和汉语夹英语(U4)话语单位之间转换。从我们的转写情况来看，有3721例属于小句层面的转换，占整个话语转换总数的63.47%。

不同语言话语单位（主句）间的转换还包括许多重复的话语，开始是英语或汉语，然后用另外一种语言重复。也就是说，两个话语单位间的话语转换，一般是一种语言结束，然后随即用另一种语言重复相同的意思。这是大学英语教师话语风格的特征之一，通过语言成分的频繁重复对前面的话语进行强调。例如：

（1）T：Now，write it down　　　　　　　U1　　F5

　　　　把它写下来　　　　　　　　　　　U2　　F4

　　　　Next，一百年？　　　　　　　　　U3　　F5

　　　　一百年之后呢？　　　　　　　　　U2　　F2

　　　　In one hundred years　　　　　　U1　　F4

　　　　Yeah，and we can say？　　　　　U1　　F2

　　　　还可以怎么说？　　　　　　　　　U2　　F2

（2）T：Fall off，fall off　　　　　　　　U1　　F3

　　　　掉下来　　　　　　　　　　　　　U2　　F1

　　　　从自行车上掉下来，掉下来，掉落　　U2　　F3

　　　　Now，for example　　　　　　　　U1　　F5

　　　　昨天他从车上掉下来了，摔断了腿　　U2　　F3

　　　　He fell off bike and broke his leg　U1　　F4

（3）Ss：((laugh))

　　　T：啊，你的建议都是什么啊？　　　　U2　　F2

　　　　让我打发时间　　　　　　　　　　U2　　F3

　　　　Maybe I should talk with my parents　U1　　F3

很好很好地谈一下 U2 F3
Let me go out twice a week or once a week, three times, yes or no?
U1 F2
好好谈一谈,好,next, ask me U4 F5

尽管英语课堂上大学英语教师话语转换的这种情况很容易辨别出来,但一些研究者在研究话语转换的功能时会从不同的角度来解释。例如,Gumperz（1982）在区别话语转换的功能时谈到母语与目标语转换的信息重复功能。上面的例子因此可以解释为:教师想通过另一种语言来重复自己刚才所说的话语,以澄清自己话语中的信息。或者说,话语转换就是为了信息重复,这种情况一般是用母语来翻译目标语。

与两个主句间的话语转换相比,主句与从句的话语转换例子不多。但是一旦出现这类话语转换,无论是英语还是汉语,无论主句还是从句,都不会出现一种语言的句子违反另一种语言句子的语法规则。一个可能的解释是,汉语与英语具有相似语序,而且两种语言在词类方面具有或多或少的等同性。Muysken（1991）提出范畴等同性概念,这不仅是个语法概念,也可以从心理语言学视角来考虑。从这个视角看,一个词类可以完成转换的条件是:两种语言都存在这个词类,而且对于说这两种语言的人来说,该词类具有等同性。例如:

（4）T: 音乐会门票 U2 F2
　　　How to say? U1 F2
　　　音乐会门票 U2 F4
　　　[A ticket to the concert U1 F3
　　Ss: A ticket to the concert]
　　T: A ticket to the concert U1 F4
　　　音乐会门票 U2 F4

不同话语转换的功能有所差别。有的话语转换意欲重复和澄清,有的话语转换表达例证或帮助学生理解内容等。大学英语教师在教学过程中依据不同的教学任务和环节进行话语转换,以达到教学目的。

二 词汇与短语层面的话语转换

从包含词类的话语转换来看,表6-1显示名词类的话语转换要比其他词类频繁得多。名词类的话语转换包括所有名词在内,物质名词、人名、地名、术语及其翻译等。名词类话语转换的占比与其他研究的结果不同(Berk-Seligson,1986;Poplack,1980;Treffers-Daller,1991)。大学英语教师使用名词进行话语转换,意欲表达一定的话语功能和教学功能,比如特定的指称说明、词汇解释或术语翻译。

指称说明通常指在课堂交际中,教师用特定的词语来指定某个人或某些人来完成一个教学任务,而排除一部分听者。例如,在英语课堂,教师呼叫特定的学生来回答问题。这类话语转换中,汉语的名称通常插入英语的话语中。例如:

(5) T: Can you make a sentence?   U1   F2
　　　 Can you make a sentence?   U1   F4
　　　 Now, 姚馨   U4   F5
　　 S: If you have a cold, you should lie down and have a rest
　　 T: Now, 刘东风, could you say, tiers, just like what?
　　　　　　　　　　　　　　　　　 U3   F2
(6) T: Call him up, call somebody up   U1   F4
　　　 OK, 王淼   U4   F5
　　 S: You should listen to music

教师在进行文化内容的教学过程中,会碰到一些学生认为生僻的词语。他们会使用其他名称来解释或翻译目标语中的术语或单词,例如:

(7) T: And the cheongsam is also called   U1   F2
　　 Ss: 旗袍
　　 T: Yes, 旗袍   U4   F4

And it is also called banner dress	U1	F3
Banner dress	U1	F4
Is (was) called 旗袍	U3	F2
And it was called 旗袍	U3	F3
(8) T: Yeah，地心	U4	F4
OK, good, core	U1	F7
Of course, just one core	U1	F3

本研究的副词类话语转换比例相对较高，占总数的6.46%，是居第二位的频繁词类。出现这种情况的原因是，大学英语教师频繁使用英语的well、ok、now、yes、first、next、so及汉语的"好"等。在379例副词的话语转换使用中，有三个使用最频繁的副词，即ok、now和"好"，占副词使用比例的78%。在大多数情况下，这些副词被用在句子的开头，后面接汉语或英语。我们发现，当这些过渡性话语标记语出现时，教师一般会进行话语转换而使用另一种语言，或从英语转到汉语，或从汉语转回到英语。例如：

(9) T: 更少，更少的	U2	F1
OK, next	U1	F5
To be, to be	U1	F3
Sentence three, use less	U1	F3
将更少地用，将更少地使用	U2	F1
OK, now, grammar, grammar	U1	F5
好，看到语法	U2	F5
掌握一般将来时的肯定句、疑问句和否定句啊	U2	F3
(10) T: 5点钟后他回来了	U2	F3
Good, He came back after five o'clock	U1	F3
好，后面我们还会讲到 after or later	U4	F5
Ok, next, look at 12	U1	F5

There will be, there will be <write on the blackboard>

	U1	F1
好，这个句型你们最容易弄错	U2	F3
There will be	U1	F1
你们会出现哪些错误呢？	U2	F2
一个是把这个 be 换成什么呢？	U4	F2

动词类话语转换占到整个话语转换的 3.97%，大多数是英语动词被嵌入汉语话语中，来解释相关动词的含义或语法使用情况。这里用于话语转换的动词不做句子的核心，而是作为一个名词结构嵌入，充当一个非谓语的成分，例如：

（11）T：Keep quiet，保持安静	U3	F1
那么这里的 keep 翻成什么？	U4	F2
Ss：喂养		

（12）T：喂养，喂养	U2	F1
那 keep 还有什么意思？	U4	F2
好，还有什么意思？	U2	F2
比如说，keep a shop，keep a shop	U4	F1

大学英语课堂上，学生要学的目标语是英语，是课堂无标记性语言。任何偏离英语的话语都可以看作标记性话语，这也表明教师为了达到某种教学目的要偏离无标记性英语而进行话语转换。因此，教师在课堂上通过转换语言来解释目标语，而不是反过来。我们没有发现单个汉语动词被插入英语矩阵语言框架里面的情况。

大学英语教师转换语言后的话语里经常出现形容词，可能因为要解释某个形容词，所以转换语言使用汉语中夹带英语形容词的形式。形容词的话语转换与动词一样，并不在句子中起形容词的作用，而是嵌入矩阵语言句子中充当名词的功能。形容词类的话语转换占总数的 2.85%，比副词的比例（6.46%）要低很多。副词在句子中的位置与使用比较灵活，形容词的使用通常没有副词广泛，英语的副词常常放在句首。而且形容词后面一定要修饰名词，在句子中使用受限。大多数嵌入汉语句子中的英语形容词，也是大学英语教师用来对词汇与语法进行解释。我们也没有发现汉语的形容词用在英语矩阵语言框架里面的情况。例如：

（13）T：No one can remember？　　　　　　　U1　　F2
　　　　我们讲的 enough 好了　　　　　　　　　U4　　F3
　　　　这边呢，见到老同学的意思（．）　　　　U2　　F3
　　　　Now look at the paper（…）　　　　　U1　　F5
　　　　Enough money, old enough　　　　　　U1　　F3
　　　　看清楚了没有啊？　　　　　　　　　　U2　　F5
　　　　Enough 作形容词修饰名词的时候呢，放在名词的前面
　　　　　　　　　　　　　　　　　　　　　　U4　　F1
　　　　当它作副词修饰形容词的时候，放在所修饰的形容词的后面
　　　　　　　　　　　　　　　　　　　　　　U2　　F1

叹词类话语转换的使用并不多见，占整个话语转换的 1.64%。在课堂教学过程中，有的大学英语教师特别是年轻教师为了时髦，使用一些不变的表达式来进行话语转换，如 yeah 或 yes、well、you know，等等。yeah（或 yes）是教师最常用的话语标记语，有 80 例。大多数叹词的使用也是在句首，后面跟上汉语，例如：

（14）T：Yeah，不值得你关注的　　　　　　　U4　　F4
　　　　OK, repeat this one　　　　　　　　　U1　　F5
　　S：(xxx)((laugh))
　　T：((laugh with students)) OK, sit down, please
　　　　　　　　　　　　　　　　　　　　　　U1　　F5
　　　　好，next one, sit down please　　　　U3　　F5
（15）Ss：行动愚笨
　　T：Yeah，扮演得也很愚蠢　　　　　　　　U4　　F4

And he seems to be quite stupid	U1	F4
S：看起来也很愚蠢		
T：看起来也很愚蠢	U2	F4
And the thing he does（…）	U1	F3
他所做的事情让人很奇怪	U2	F3

介词类话语转换的数量也不是很多，在整个语料中的比重是1.48%。这些介词大部分是英语介词，是教师为了解释相关语法而提到的，它们基本上也是在汉语矩阵语言中充当名词的功能。例如下面的例子，教师一般在汉语句子中插入介词，用来解释相关的词语或句子，或进行语法讲解。

（16）T：Now, for example, I want to apply for the job

	U1	F3
我想申请	U2	F4
I want to apply for the job	U1	F4
当然，这里省略了to	U4	F1
比如说	U2	F5
If you want to get the job you should apply to the company in person		
	U1	F3
If you want to get the job you have to（must）apply to…		
	U1	F2
注意后面in	U4	F5

连词类话语转换，只占到所有话语转换的1.23%。连词的使用一般在句首，后面触发话语转换，一般用来解释课文内容或语法的使用。英语和汉语的连词都可能触发语言转换，例如：

（17）T：Fashion is full of culture U1 F3
　　　　Be full of，充满　　　　　　　　U3　F1
　　　　时装充满了文化　　　　　　　　U2　F4

这句只是笼统的，并不是这篇文章的中心句

                    U2 F3

所以呢，中心句是（…）   U2 F2

And who can tell me the Chinese meaning of the first paragraph?

                    U1 F2

（18）T：我们必须把坏天气呢考虑进来 U2 F4

    Take into account the bad weather U1 F3

    或者说，take the bad weather into account U3 F3

    We should take into account of bad weather

                    U1 F4

    Take into bad weather   U1 F4

    换句话说   U2 F5

    We should take bad weather into account, into account

                    U1 F4

（19）T：因为它的体积比太阳要小   U2 F3

    空气，我们地球都有一层大气层围着 U2 F3

    所以，Pull the air on the surface on the earth

                    U3 F3

    OK，好，38题，any questions?   U3 F2

  代词也出现在教师的话语转换中。与介词和连词一样，英语和汉语的代词都会引起话语转换，但出现的频率不高，相比于其他词类，占比最低。转换的英语代词一般放在汉语话语小句里。例如：

（20）T：看到最后一句话   U2 F5

    应该是最后两句话   U2 F5

    When water（xxx）   U1 F3

    当水结冰的时候，它的密度就会减小 U2 F4

    If it（xxx）   U1 F3

    看到最后一句话的 It   U4 F5

It 在这里指代什么？	U4	F2
Ss：(xxx)		
T：指代前面的	U2	F2
指代什么？yeah，指代前面的 Its density	U4	F3
如果它的密度 didn't（xxx）	U4	F3

大学英语课堂中，教师为了解释课文与语法现象，采取翻译法进行教学，使用英语和汉语并列的情况比较多。在解释的过程中，将短语插入英语或汉语句子里的情况很常见，这种情况占所有话语转换使用的 6.45%。这里的短语都是指被插入其他语言的情况。与其他研究结果不同的是，在我们所转写的所有话语里，有相当多的英语短语被插入汉语里，这时是汉语作为矩阵语言框架。这些英语短语被插入汉语话语中，都是为了解释课文内容的。最频繁出现的短语是动词短语、介词短语和名词短语。例如：

（21）T：OK, please, ah, write a letter to somebody

	U1	F3
给某某写信	U2	F4
We can say--write to him, write to him	U1	F3
Write to him, 短语	U3	F3
Write to somebody ＜板书＞	U1	F3
给某某写信，啊	U2	F4
Call somebody up, call somebody up	U1	F3
……		
I don't have money, 没有钱啊	U3	F3
Borrow some money from my brother	U1	F3
Borrow from, borrow from	U1	F1
从某处借进	U2	F4
Borrow from, borrow from, ah	U1	F4
"进"的反义词呢？	U2	F2
Borrow 是借进来	U4	F1

Lend, lend, 借出, 借	U3	F1
Lend something to somebody	U1	F1
把某物借某人啊（…）	U2	F4

三 话语转换的结构特征

有些学者则利用 Myers-Scotton（1993b）的矩阵语言框架模式来分析话语转换的结构特征，通常关注的是话语转换受到的语言限制。我们也使用矩阵语言框架模式来分析考察话语转换的结构特征。下面首先分析话语转换中英语和汉语词类的结构特征，然后基于矩阵语言框架模式理论来分析话语转换的结构特征。

表 6-1 统计了不同词类在话语转换中出现的频率。这些发现似乎隐约表明，某些词类要比另外一些词类更有可能参与话语转换。然而，这些数据如果不考虑两种语言系统的句法结构，就不能用句法限制来进行简单解释。因此，有必要考察和对比两种语言进行话语转换时所使用词类的结构特征。

英汉两种语言之间有很多句法与词法结构方面的差异。从名词来看，英语名词与汉语名词在很多方面具有相同的句法功能。然而，英语名词前面的限定词可以是冠词，表示数量概念，而汉语名词一个非常显著的特征是它们前面没有冠词，在形式上要表达数量概念需加数量词。也就是说，汉语名词没有单数或复数的强制性标记。不管单数还是复数，名词本身保持相同的形式。从这个角度看，形式上，它们像英语的不可数名词，如 paper、water、weather 等。在话语转换中如果名词出现，会受矩阵语言结构的影响，句法结构对参与转换的名词有一定限制。从下面的例子可以看出，如果英语名词插入汉语矩阵语言话语中，英语名词的形式遵循汉语的语言特征，即没有复数形式，或者要在不可数名词前加数量词等。如：

(22) Ss：Farm

T：Which farm do you like to live in？	U1	F2
First, how many farms in this city？	U1	F2

How many 农场？	U3	F2
Ss：三个农场		
T：Yeah, farm	U1	F3
There is a theatre besides the farm	U1	F3
I like this farm	U1	F3
He likes the theatre	U1	F3
我们说这里有三个 farm	U4	F3
那我们来描述一下这些 farm	U4	F2
两个 group 讨论一个 farm	U4	F3

上述话语转换中的英语名词 farm 参与了话语转换，使矩阵语言发生变化，为了遵循汉语的语法规则，使用的都是单数形式。即使英语的名词想要表示多数，但在使用的过程中因受汉语的语法结构影响，也只能以单数形式出现。这些名词前面会加汉语表示不定量的词，如"一些"、"有些"或"若干"。英语名词没有数的形式，这是与汉语语法一致的表现。这些例子的出现似乎违反了说话者的语法要求，比如，没有明显的表达数量的概念——单数或复数。然而事实上，在汉语里没有这样的语法要求，这些语法范畴的表达要受汉语话语结构的限制。

通过对比我们发现，两种语言的名词都允许前面加修饰语，如数词、形容词等，定冠词和不定冠词（英语），类别词（汉语的量词）。从这种意义上看，汉语说话者可以自由选择英语的名词放在汉语矩阵语言框架里，看上去汉语在句法结构上似乎有更多的自由。当英语名词嵌入汉语矩阵语言中时，冠词被省略了。冠词被省略，从英语的使用来看，这是不定名词的特征，即并不指向特定的个体。然而，从话语语境来看，它们的指向却是确定的。

我们没有发现英语的动词作为主要动词出现在汉语矩阵语言框架里。大多数被转换使用的英语动词，像名词一样被嵌入汉语矩阵语言框架里。例如：

（23）T：Three	U1	F4

What are they?	U1	F2
What are they?	U1	F4
Three people set out to find in the sea	U1	F3
Dr…Dr Aronnax, and his servant	U1	F3
Become 是一个系动词	U4	F1
我们看到这里有个 make	U4	F5

这些教师是间接双语者（Li，2000），他们几乎不可能将英语的动词作为主要动词插入汉语作为矩阵语言的话语里面。

英语和汉语的形容词具有相同的句法位置，常常出现在谓语的后面，以名词的形式作宾语或者补语，这样就有可能在另一语言中被转换。下面是我们在语料中找到的例子：

（24）T：Right！应该是 important，important   U4   F3

英语形容词 important 的转换可以用等同限制（Equivalence Constraint）来解释，即只有当两种语言的词类和语序有相似性转换才有可能。形容词可以出现在宾语的位置上，在英语和汉语中都适用，important 的转换才有可能。

教师话语中最常使用的副词有英语的 ok、now、good 和汉语的"好"等。在大多数情况下，这些被转换的副词一般出现在句首。在语料中，我们没有发现被转换的副词修饰其他副词或形容词的现象。例如：

（25）T：Which of them is more excited?   U1   F2
　　　Yeah, compared to the 20,000 Leagues Under the Sea
　　　　　　　　　　　　　　　　　　　　　　　U1   F1
　　　和海底两万里相比，这里更刺激，更具有冒险性
　　　　　　　　　　　　　　　　　　　　　　　U2   F1
　　　Yeah, more excited and more adventurous
　　　　　　　　　　　　　　　　　　　　　　　U1   F3

更具有冒险性	U2	F3
OK, more adventurous	U1	F4
So much for the story	U1	F5
故事先讲到这里	U2	
Now, yeah, do you think it's very interesting after this story	U1	F2
You should know the story written by Jules Verne	U1	F5
应该对同类作品有大致的了解	U2	F5

应该注意的是,这些参与话语转换的副词,不管是英语还是汉语,都可以在句首出现,也可以在句尾出现。

尽管在自然话语里有很多参与话语转换的感叹词的例子,但我们在大学英语教师的话语里很少见到类似的例子。在本研究的语料中,最常见的叹词是 yeah,一些教师使用这个词非常频繁。叹词参与话语转换时,在它们所出现的位置上比其他词类受到的限制要少得多。例如:

(26) T: Yeah, 如果你不知道它有主持婚礼的意思,它是什么意思呀?

	U4	F2
Will you marry me?	U1	F4
你可以娶我吗,是不是?	U2	F3
是女士问的,是不是?	U2	F3

Ss: 这么好的事,他可真幸福

T: Yeah, Will you marry me?	U1	F4
So the minister, after him (…), he got very surprised	U1	F3
Yeah, 这个牧师非常惊讶	U4	F3
在这里 marry 是什么意思啊?	U4	F2
在这表示主持婚礼,yeah,主持婚礼	U4	F3
Yeah, 这故事就因为这个词,而使得什么?		

第六章 话语转换的结构模式及语言使用特征　87

		U4	F3
比较地滑稽		U2	F3
Yeah，marry 这个词引起来的		U4	F3
Yeah，我们说因为语言关系会引发许多笑话，是不是？			
		U4	F3
在这 marry 这个词		U4	F3
（27）T：Yeah, good		U1	F7
the father of science fiction		U1	F3
科幻小说之父		U2	F4
Yeah，so you should know him		U1	F5
Yeah，OK，in this text，we'll going to read two books written by him		U1	F5
Now the 1st book is，which book is the 1st book？			
		U1	F2

yeah 可以放在话语单位中的不同位置，根据教师转换话语不同的情况嵌入汉语的话语中。

参与话语转换的介词、连词和代词通常可以插入其他任何矩阵语言里，包括汉语矩阵语言和英语矩阵语言。在我们的研究中，在大多数情况下，英语的连词、介词和代词被插入汉语矩阵话语里。例如：

（28）T：尽管，那样，然而	U2	F1
Still 是一个副词，不是连词啊	U4	F1
是一个副词 still	U4	F1
那么，它能不能跟 although 连用？	U4	F1
S：不能，不能		
T：我们讲了，有"虽然"就不能有"但是"	U2	F1
有 although 不能有 but	U4	F1
但是，有 although 能不能跟 still 连用呢？	U4	F2

被插入汉语矩阵语言中的代词、连词和介词,一般与课文内容里这些词的语法使用有关。它们可以放在汉语话语里的不同位置。

此外,汉语的词和短语也可以插入英语话语里面。这时,英语作为矩阵语言提供句法框架,汉语成分被嵌入英语句法框架内。例如:

(29) T: How to say '智能时代'?　　　　　　U3　F2
　　　那大家可能是没看懂　　　　　　　　U2　F7
　　　他应该是属于clown, clown　　　　　 U4　F3
　　　OK,好, next one　　　　　　　　　U3　F5
　　Ss:(xxx)
　　 T: You know this person is[周星驰　　U3　F3
　　Ss:周星驰]
　　 T: This one is 张柏芝　　　　　　　　U3　F3
　　　这个是 [莫文蔚　　　　　　　　　　U2　F3
　　Ss:莫文蔚]

根据矩阵语言框架模式,话语转换的主体结构语言为矩阵语言,英语课堂的矩阵语言一般为英语,而汉语作为矩阵语言的话语并不是英语课堂所期望的。大学英语课堂中教师要更多使用以英语为矩阵语言的例子,尽量少地使用汉语矩阵语言。因为在英语课堂里,英语是无标记语言,是学生学习的目标语。英语作为矩阵语言的话语要尽可能多。

上面探讨了大学英语课堂中不同语言层面话语转换使用的频率,描述了话语转换的结构模式和结构特征。就小句层面的话语转换来看,出现的频率较高,该类话语转换占了大多数。不同语言两个小句话语单位的转换大都是重复性话语,即一种语言的话语单位用另外一种语言的话语单位来重复。教师话语风格的一个显著特征就是,一种语言的话语单位紧接另一种语言的话语单位,后者是对前者的重复加强。所以,可以假定,大学英语教师是用另外一种语言重复已经说过的话,来达到澄清话语内容的目的,为了解释、翻译或强调前面出现的内容。我们没有发现小句间话语转换违反任何句法结构规则。这可能是由于英语和汉语具有相似的词类结构、语序和范畴。

大学英语教师的话语转换中有些词类非常频繁地参与，特别是名词、动词和副词，其参与的频率和句法位置有所不同。根据矩阵语言框架模式，如果一个词或短语在矩阵语言框架内没有违反该矩阵语言的形态句法规则，那么这个词就可以参与转换。另外一种解释可能是，这些词类在两种语言中都存在，且更重要的是，它们的范畴具有等同性。如果两种语言的词序相似，大多数话语转换就发生在词序相当的位置。两种语言的词类范畴和词序具有等同性，是决定教师使用话语转换的重要因素。

参与话语转换的英语名词以单数形式出现。这是由于汉语是矩阵语言，按照汉语的语法结构要求，所有参与转换的英语名词没有复数形式，只能以单数形式出现，这是与汉语语法保持一致的体现。然而，从英语的角度来看，这种使用似乎违反了说话者的语法要求，没有明显的数的形式（单数和复数）。事实上，汉语里面没有类似的语法要求，因为，这些语法范畴的表达是受话语语境控制的。这也可以支持 Muysken（1991）的范畴等同观点，即特定词类的转换只有在两种语言中都具有相同范畴的词类时才有可能实现，这也符合等同限制规则。本研究没有发现英语动词在汉语矩阵语言中做动词的现象。大多数被转换的英语动词都是像名词那样被插入汉语句子中，作为矩阵语言汉语的话语单位，并不具有动词的语法功能。无论被转换的词和短语是汉语还是英语，它们都不能违反所插入的矩阵语言的语法规则。也就是说，任何一种语言都可以作为矩阵语言提供语法框架，允许其他语言的成分插入其中。因此，在话语转换中，嵌入的语言成分是被插入矩阵语言框架内的。比如英语和汉语的名词在结构上有等同性，说话者可以自由选择词汇放在另一种矩阵语言框架内，以实现一定的功能，达到教学的目的。

第二节 教师话语的语言选择模式

大学英语课堂话语转换的使用具有一定的选择模式。本节首先对每节课上教师和学生使用的话语单位量进行描述，然后对课堂的话语单位按四种语言类型、三种话语转换类型（单位间话语转换、单位内话语转换、附加单位话语转换)以及话语转换的八种功能类型分别进行统计,分析和描述教师在话语转换中的语言选择模式,最后讨论英语课堂上话语单位的语言类型、话语转换类型及话语转换功能间的相关性。

一 大学英语课堂师生话语量对比

英语课堂中师生话语量的分布非常不平衡。在大部分课堂中教师的话语量比较多,学生的话语量比较少。从英语课堂话语转写的情况看,教师的话语量都超过一半以上,开始时估计占 2/3 左右。参考以往的研究可以发现,大部分外语课堂的情况也是如此。如 Polio 和 Duff(1990,1994)对外语课堂上教师样本的英语使用情况进行了量化研究。他们对 13 个外语课堂分别录制了两节各 50 分钟的课。研究结果显示,这些外语课堂上教师话语中话语转换的量差异很大,占比 0~90%,教师的平均话语量占比为 32.1%。也就是说,这些班级的外语教师课堂话语使用量有很大的差异。

大学英语课堂的目标语输入的质量和数量是教学过程应该考虑的重要部分,也是影响教学效果好坏的重要因素。英语课堂中教师目标语英语的输入是非常必要的,需要一定的占比,但更重要的是学生目标语英语的输出数量与质量。考察英语课堂上师生目标语的输入与输出量的各自占比有现实的教学意义,因为课堂上英语的输入给学生的语言习得提供了必要但不充分的条件。语言输入的质量对学生学习兴趣有很大影响。

表 6-2 每课时教师和学生的话语单位分布

单位:个,%

语料	教师		学生		总话语量
	话语单位	百分比	话语单位	百分比	
语料 1	230	62.7	137	37.3	367
语料 2	379	66.7	189	33.3	568
语料 3	358	72.3	137	27.7	495
语料 4	382	76.4	118	23.6	500
语料 5	221	77.0	66	23.0	287
语料 6	300	61.9	185	38.1	485
语料 7	283	71.6	112	28.4	395

续表

语料	教师		学生		总话语量
	话语单位	百分比	话语单位	百分比	
语料 8	260	72.4	99	27.6	359
语料 9	345	69.1	154	30.9	499
语料 10	243	67.3	118	32.7	361
语料 11	228	59.5	155	40.5	383
语料 12	318	77.8	91	22.2	409
语料 13	300	83.3	60	16.7	360
语料 14	278	67.8	132	32.2	410
语料 15	222	72.8	83	27.2	305
语料 16	282	64.8	153	35.2	435
语料 17	296	73.1	109	26.9	405
语料 18	290	67.1	142	32.9	432
语料 19	237	62.7	141	37.3	378
语料 20	268	67.0	132	33.0	400
平均值	286	69.4	126	30.6	412

表 6-2 显示了每节英语课大学英语教师和学生使用的话语被切分成话语单位后的统计结果，即每节课教师和学生话语单位的数量以及分别占总话语量的百分比。教师的话语量占比最高为 83.3%（语料 13），最低为 59.5%（语料 11）。10 名教师 20 节课平均使用的话语量占 69.4%，学生每节课的平均话语量占比为 30.6%。统计结果表明，教师在英语课堂上话语量占比较高，平均占每节课话语总量的近 70%。这也表明，这种英语课堂是以教师为主导，课堂大部分的时间都是由教师控制的。从表中描述结果以及大学英语教师主导教学的模式来看，教师和学生的话轮持续时间和话语单位数量呈现极不对称的分布状态，也表明师生在英语课堂上话语地位极不平等。

教师话语量百分比最高的三节课是语料 13、语料 12 和语料 5，超过 77% 的话语单位都是教师的话语。大学英语教师话语量百分比最低的三节课是语料 11、语料 1 和语料 19，分别为总话语量的 59.5%、62.7% 和 62.7%。我们在教师话语量最高的课堂里，发现学生在整节课的教学活动里几乎没有机会来表达自己的观点，只用"yes"和"no"等简单的话语来对老师的问题和话语予以回应。这是教师主导的课堂最显著的特征。

表6-3 教师与学生的话语单位分布情况（两节课）

单位：%

语料	教师	学生
教师1	64.7	35.3
教师2	74.4	25.6
教师3	71.8	28.2
教师4	72.0	28
教师5	68.2	31.8
教师6	68.6	31.4
教师7	75.5	24.5
教师8	68.8	31.2
教师9	70.1	29.9
教师10	64.9	35.1
均值	69.9	30.1

表6-3呈现了每名大学英语教师两节英语课的话语单位总体分布情况。话语量最高的是教师7，其话语量占比达75.5%，超过总话语量的3/4了。最低的是教师1，其话语量占比为64.7%。教师使用话语量的平均百分比为69.9%。一半教师的话语量百分比超过这个比例。可见，教师之间和课时之间的话语分布有一些差异，那么这些差异是否具有显著性？我们把每名大学英语教师的话语量百分比和每节课的教师话语量百分比看成两组变量，比较表6-2和表6-3中每节课教师的话语量和每名大学英语教师话语量的均值。根据曼-惠特尼检验，我们发现两组变量并没有显著差异（p=0.850>0.05）。结果表明，无论是从大学英语教师个体而言，还是从教师的每节课而言，教师使用的话语量都比较大。

接下来，我们比较两所高校大学英语教师话语量的情况。表6-4呈现了两所高校的大学英语教师课堂话语量分布情况。每所高校有5名大学英语教师。高校一的大学英语教师话语量百分比的平均值为70.2%，而高校二的大学英语教师话语量的平均百分比为69.6%，两所高校的大学英语教师话语量均值大致相当,相差不到 1 个百分点。

表 6-4 两所高校大学英语教师话语量分布比较

单位:%

高校			
高校一		高校二	
教师 1	64.7	教师 6	68.6
教师 2	74.4	教师 7	75.5
教师 3	71.8	教师 8	68.8
教师 4	72	教师 9	70.1
教师 5	68.2	教师 10	64.9
均值	70.2		69.6

通过两组 T 检验比较,Levene 检验的 p 值为 0.256（>0.05）,表明两所高校大学英语教师之间话语量并没有显著性差异。而基于均值差异的 t 值,双尾 p 值为 0.323（>0.05）,表明两所高校大学英语教师话语量的均值并没有显著差异。因此,不同高校大学英语教师的话语量分布差异并不显著。这个结果也表明,不同高校大学英语教师的语言水平与教师话语量多少之间没有很大联系,无论是高校一还是高校二,大学英语教师使用的话语量都较大,进行话语转换的可能性也就比较大。

表 6-5 教师话语量分布的性别差异比较

单位:%

性别			
男		女	
教师	百分比	教师	百分比
教师 1	64.7	教师 2	74.4
教师 3	71.8	教师 4	72.0
教师 5	68.2	教师 6	68.6
教师 7	75.5	教师 8	68.8
教师 10	64.9	教师 9	70.1
均值	69.0		70.8

表 6-5 显示了所有参与调查的大学英语教师基于性别的话语量百分比情况。在男教师中，话语量使用百分比最高的是教师 7，而最低的是教师 1。男性教师话语量占总话语量百分比的平均值为 69.0%。女性教师中，话语使用最多的是教师 2，占比达 74.4%，占比最低的是教师 6，为 68.6%，女性教师的平均值为 70.8%。大学英语教师话语量分布的性别检验表明，性别之间话语使用差异不显著。因为 Levene 检验的 p 值是 0.86，方差在统计上没有差异。从性别比较来看，话语使用的分布没有显著性差异，男性教师和女性教师在课堂上使用了大致相当的话语量。

二 教师话语单位语言类型与功能类型分布

大学英语教师话语使用的语言类型情况怎么样？不同话语单位的语言使用（U1、U2、U3 和 U4）分布情况怎么样？表 6-6 统计了大学英语教师四种语言类型的话语单位数量。英语和英语夹汉语类都被看作英语话语（目标语）；同样，汉语和汉语夹英语类都被看作汉语话语。我们把 U3 类型的话语单位看成是英语话语，因为英语是矩阵语言，里面嵌入汉语，而把 U4 类型的话语单位看成是汉语话语，因为汉语是矩阵语言，英语成分嵌入汉语里面。我们使用克鲁斯卡尔-沃利斯检验，比较 20 节课中四种语言类型之间话语量的差异。我们也比较了本研究与 Polio 和 Duff 研究的结果。单样本 T 检验表明，二语教师与英语教师在语言使用上没有显著性差异（$p=0.218>0.05$）。这也表明，语言教师在语言使用上具有相似的分布情况，尽管研究的背景不同。

表 6-6 不同语言类型的话语单位分布情况

单位：个

语料	U1	U3	U2	U4	合计
语料 1	89	2	45	9	145
语料 2	86	8	42	16	152
语料 3	96	11	53	20	180
语料 4	98	9	51	23	181
语料 5	96	8	61	13	178

续表

语料	U1	U3	U2	U4	合计
语料 6	87	12	47	10	156
语料 7	98	11	46	18	173
语料 8	106	9	48	22	185
语料 9	111	7	39	19	176
语料 10	102	8	46	26	182
语料 11	95	12	57	21	185
语料 12	85	13	41	16	155
语料 13	93	15	59	15	182
语料 14	103	4	37	21	165
语料 15	126	3	58	7	194
语料 16	77	4	85	25	191
语料 17	83	7	67	22	179
语料 18	73	9	79	24	185
语料 19	66	8	62	16	152
语料 20	83	6	46	15	150
合计	1853	166	1069	358	3446

根据表6-6，我们使用克鲁斯卡尔-沃利斯检验，比较了20节课四种语言类型之间话语单位的数量差异。我们把这些课的所有话语单位按四种语言类型分成四组。由于显著性差异比较小，p值小于0.05（$p=0.001$），这表明在话语单位平均百分比方面，四组之间有显著性差异。这个结果也显示出，教师在教学中使用不同数量的话语单位来满足不同语言类型的需要。那么，我们使用中位数检验来考察克鲁斯卡尔-沃利斯检验的有效性。由于其p值小于0.05（$p=0.001$），因此话语单位的语言类型的百分比差异显著。那么，每节课上四种语言类型的话语单位分布是否存在显著性差异？结果显示，两种检验统计的p值（0.619和0.812）都大于0.05，这表明每节课上四种语言类型话语单位的分布没有显著性差异。换句话说，每节课上四种语言类型的话语单位分布大致相同，即在每节课上使用的所有话语单位中，四种语言类型的分布大致相当。

表 6-7　不同教师话语单位的语言类型分布

单位：个，%

教师	U1		U3		小计	U2		U4		小计
	话语单位	百分比	话语单位	百分比	话语单位	话语单位	百分比	话语单位	百分比	话语单位
教师 1	175	58.92	10	3.37	185	87	29.29	25	8.42	112
教师 2	194	53.74	20	5.54	214	104	28.81	43	11.91	147
教师 3	183	53.20	20	5.81	213	108	31.40	23	6.69	131
教师 4	204	55.43	20	5.43	234	94	25.54	40	10.87	134
教师 5	213	59.50	15	4.19	228	85	23.74	45	12.57	130
教师 6	180	51.43	25	7.14	215	98	28.00	37	10.57	135
教师 7	196	56.48	19	5.48	215	96	27.67	36	10.37	132
教师 8	203	52.73	7	1.82	210	143	37.14	32	8.31	175
教师 9	156	42.86	16	4.40	172	146	40.11	46	12.64	192
教师 10	149	49.34	14	4.64	163	108	35.76	31	10.26	139

注："小计"指纯语言和嵌入话语的简单小计。

表 6-7 显示 10 名教师四种语言类型的话语单位使用数量和百分比。可以看出，不同教师之间的话语单位使用量和占比都有差异。我们使用克鲁斯卡尔 - 沃利斯检验，比较了每名教师四种语言类型话语单位使用的差异。从卡方统计结果来看，不同教师在课堂上使用的语言类型在分布上有显著性差异。检验结果表明，显著性水平低于 0.05（$p=0.000$），这说明每个教师四种语言类型话语单位的平均百分比的差异具有显著性。我们利用中位数考察克鲁斯卡尔 - 沃利斯检验的有效性，p 值小于 0.05（$p=0.000$），因此差异具有显著性，表明在英语课堂里不同语言类型的话语单位使用量有极大的差异。比较不同教师之间四种语言类型话语单位的分布情况，结果两个 p 值（0.782 和 0.657）都高于 0.05，这表明在四种语言类型话语单位的分布上，教师之间的差异没有显著性。换句话说，所有教师之间具有相似的话语单位分布情况。

我们还统计了 10 名教师在英语课堂上进行话语转换的功能分布。表 6-8 显示了每名教师基于不同功能的话语转换比例情况。那么，不同大学英语教师在话语使用的功能分布上有没有差异？检验结果表明，两个 p 值都高于 0.05（1 和 0.999），说明在八个功能的分布上，教师之间没有显著性差异，即所有大学英语教师在话语转换的功能使用上情况大致相似。而每名教师基于不同功能使用话语转换的情况，从卡方统计结果来看，显著性水平值低于 0.05（$p=0.000$），这说明八个功能组平均百分比有显著性差异，即每名英语教师使用不同数量的话语转换来实现内容教学的不同功能。使用克鲁斯卡尔-沃利斯检验，我们比较了每名大学英语教师话语单位功能使用的差异。从卡方统计结果来看，显著性水平值低于 0.05（$p=0.000$），这说明每名教师话语功能使用量的平均百分比有显著性差异，即每名教师在话语转换的功能上差异明显。我们使用中位数检验核查克鲁斯卡尔-沃利斯检验结果的有效性。因为 p 值低于 0.05（$p=0.000$），具有显著性，说明八个功能分布的百分比差异显著。

表 6-8 不同教师的话语功能分布比较

单位：%

教师	高校	性别	F1	F2	F3	F4	F5	F6	F7	F8
教师 1	高校一	男	4.28	21.13	31.53	12.55	23.43	0.39	1.46	0.67
教师 2	高校一	女	6.79	19.01	29.37	14.68	25.45	0.45	0.86	0.86
教师 3	高校一	男	3.25	10.25	57.39	12.15	14.08	0.12	0.88	0.56
教师 4	高校一	女	7.18	25.83	44.28	7.2	14.76	0.21	0.74	0.74
教师 5	高校一	男	11.23	18.98	33.89	8.58	20.8	0.36	1.82	0.91
教师 6	高校二	女	13.69	11.85	31.23	10.23	16.34	0.22	0.18	0.43
教师 7	高校二	男	3.49	43.07	23.07	9.78	15.47	0.15	3.21	0.73
教师 8	高校二	女	5.37	19.65	31.31	12.46	22.73	0	2.43	0.78
教师 9	高校二	女	0.51	27.88	28.57	11.07	25.71	0.05	2.14	1.21
教师 10	高校二	男	6.17	27.8	23.47	14.8	19.45	0.36	1.26	0.54

三 三类话语转换

按照 Poplack（1980）有关话语转换的分类，我们把话语转换分为三种类型：单位内话语转换、单位间话语转换及附加单位话语转换。附加单位话语转换是指，在一种语言话语后插入另一种语言的附加话语。大学英语教师在英语课堂上说英语时，会通过话语转换插入汉语附加语，或者反过来。而且，附加话语可以在小句内自由移动而不受句法限制。附加单位话语转换出现在我们所观摩的所有课堂里。

（一）单位间话语转换

单位间话语转换发生在两个话语单位间或两个话轮间。这种话语转换在每节课里是使用最多的，且使用目的有所不同，如解释和澄清什么（语法、词汇和练习等）。20节课使用的单位间话语转换数量较多，占比从36%到67%不等。每节课的单位间话语转换百分比在三种话语转换中都是最高的。例（30）表明，在一个话轮里，单位间话语转换是怎样使用的。

（30）T：主要是前面两个哈	U2	F5
在这前面两个，后面要加什么啦？	U2	F2
Ss：With		
T：Wrong with, ah	U1	F2
What's the matter with？	U1	F2
What's wrong with？	U1	F3
哈，尽量写	U2	F5
My clothes is out of style	U1	F3
Out of style 这个词啊	U4	F3
Read this phrase, read this phrase	U1	F5
过时了	U2	F1
他给出了建议	U2	F5
Maybe you should buy some new clothes	U1	F3
也许你应该买一些 [新衣服	U2	F4
Ss：新衣服]		
T：好，这里就出现了	U2	F5
这问题提出来了	U2	F5
那就要 give some advice	U4	F5
提出建议	U2	F4
Now, 下面针对这五个问题	U4	F5
Ah, give your advice	U1	F5
Ask and answer in pair	U1	F5
Do you know？	U1	F2

Ss: Yes (xxx)		
T: Yeah, OK. Good. Good	U1	F7
Now, next	U1	F5
Yeah, 付正伟	U4	F5
Ss: (xxx)		
T: OK, 我们来讲一下啊	U4	F5

  这堂课是在学习一些惯用结构,如"What's up ?"和"What's the matter with ?"或"What's wrong with ?"等。教师在黑板上列出了许多与"something is wrong with somebody"意思一样的结构,并解释这些结构的用法。她在问问题时使用英语:"What's wrong with ?"用汉语来引导学生翻译前一个话语的意思。我们可以看到,一个新的话语单位开始的地方会有短暂的停顿来标记。首先,教师从英语转换到汉语有一个短暂的停顿"哈,尽量写",然后,她不时进行话语转换,从汉语转到英语也有短暂的停顿。这些停顿是代表一个新话语单位开始的最好的标记性指示语。因为在口语里,两个小句的界限不是很清晰。说话者的话轮在日常会话中通常很少停顿,停顿即向其他说话者表明,他们可以自我选择成为下一个说话者。然而在英语课堂里,一般由教师来安排话轮。学生知道这意味着,无论什么时候停顿,自己不一定要开始说话。在这个例子中,学生等待老师来解释教学任务,并且老师问他们如何翻译和造句。单位间话语转换也可能出现在话轮之间。这种情况下,可以是前一话轮用英语,后面的话轮用汉语,或者反过来。

(31) T: What does this 'come up with' mean ?	U1	F2
Come up with	U1	F4
Ss: [想出		
T: 想出]	U2	F4
Yes, OK, come up with sth	U1	F4
For example, come up with an idea, come up with the suggestion		
	U1	F3

忽然我想到一个问题，OK	U4	F3
Suddenly an idea come, or no	U1	F3
Suddenly I come up with an idea, OK	U1	F3
So come up with sth, OK	U1	F3
Now how do they come up with ideas, OK	U1	F4
Now，魏华呢，想到了一个计划	U4	F3
So Wei hua came up with a good idea	U1	F4
Now come up with sth	U1	F4
有的时候人放在前面	U2	F3
有的时候我们用 put forward	U4	F3

Ss: Put forward

T: Put forward, yes	U1	F4
Put forward sth, 提出	U3	F1
Yes, OK, for example	U1	F5
Somebody puts forward some suggestion, his advice, a good idea	U1	F3
Ideas here means, 主意、创意的意思，OK	U3	F1
So，有的时候呢创意是很重要的	U4	F3
Ideas are very important	U1	F4

  例（31）显示话语转换在话轮间是如何使用的。当时，班上的师生正在讨论动词短语。教师在提问学生，并重复提问，来引导学生回答。学生用汉语回答，然后老师用汉语重复学生的回答来确认答案。在这种情况下，似乎是学生的汉语回答造成了教师将话语转换到汉语。之后，教师又转回到英语，继续解释短语。因此，课堂上有许多单位间话语转换，教师从英语转到汉语，又转换语言回到英语，等等。

  口语话语与书面话语不同，因为在口语话语里，句子单位并不是总有用。而在本研究的话语语料中，单位间话语转换发生的例子很容易觉察，因为话语单位可以根据停顿和小句来进行编码。停顿是口语中话语单位或小句界限的最好标记。话轮是另外一种标记，因为当说话者有变化，人们知道单位间话语转换出现了。这是因为，即使一个话轮可能不只包含一个整句，说话者的变化也表明话语的界限：一个说话者停止说话，而另一个说话者开始说话。

（二）单位内话语转换

单位内话语转换发生在小句里。根据 Poplack（1980）的研究，这种话语转换需要很多整合，因此这是能非常流利表达的双语者使用的话语。然而，Poplack 的观点可能只对自然发生的话语有用。比如在课堂话语里，经常出现单位内话语转换，而说话者并不都是流利的双语说话者。这种话语转换发生在做练习和检查练习的过程中，或者教师教词汇和语法点的时候，这些情况下话语转换很常见。在这些情况下，矩阵语言框架是英语或者汉语，而插入的成分是另一种语言。我们把这种情况称作单位内话语转换，因为这些转换发生在某个话语单位之内。当教师教词汇和语法时，经常使用单位内话语转换。例（32）中，教师正在给学生讲解课文内的单词与短语。她问学生单词"brick"的意思。她使用了单位内话语转换（混合语言话语）来引导班上学生的回答。当学生用汉语回答"石头"后，教师就用汉语反问句来回应："是石头呀？"在她接下来的话语（"石头是 stone，brick 是砖头"）中，她使用了单位内话语转换来解释单词。教师在这种情况下使用话语转换的理由，不可能是不知道英语和汉语的对应说法，而是教师使用话语转换来达到其教学目的，比如说解释单词或引出学生的回答。

（32）T：两个大的 \<repetitions for clarifying\>　　U2　　F4
　　　　Brick 是什么意思？　　　　　　　　　　U4　　F2
　　Ss：石头
　　　T：是石头呀？　　　　　　　　　　　　　　U2　　F4
　　　　石头是 stone　　　　　　　　　　　　　　U4　　F1
　　　　Brick 是砖头　　　　　　　　　　　　　　U4　　F1
　　　　那么 blocks 呢？　　　　　　　　　　　　U4　　F2
　　S：木头
　　　T：又是木头？ \<reiteration\>　　　　　　　U2　　F4
　　　　What's the meaning of this sentence？　U1　　F2

Block 是指一个房间与一个房间之间的距离	U4　F1
好，那么你看，在这两个之间建一个漂亮的房子	
	U2　F1
OK, you say this tongue twister	U1　F5
Be quick and correct	U1　F5
S:（xxx）	
T: Between two big brick blocks	U1　F4
OK, sit down	U1　F5
好！叫一个同学来看一下第一句	U2　F5
Now，洪建，please! \<directive\>	U4　F5

　　单位内话语转换在我们所观摩的课堂里频繁出现，尤其是当老师教授语法时更是如此。在我们观摩的所有课堂里，大学英语教师教授语法时一般用汉语或英汉混合语言，但语法举例通常是英语，因为教学的目标是学习英语语法。例（33）是教师教授语法时使用单位内话语转换的例子。在这个例子里，教师在解释课文句子成分的不同功能。当教师在解释句子成分的语法功能时，举例用的单词或短语总是英语，而解释和提问用汉语。这个例子是单位内话语转换。（T:"看到第一个宾语是 my kind of humor。然后接的是 funny，应该是宾补。funny 作为 my kind of humor 的宾补。大家画一下。就是说，find+宾+宾补。"）Poplack（1980）认为，说话者需要知道两种语言的语法才能使用句内话语转换。然而在英语课堂里，即使教师按汉语语法规则来说话，他/她仍然使用单位内话语转换，在话语单位合适的位置使用英语单词或短语。在我们转写的语料中，教师教授语法时，单位内话语转换的使用也比较典型。例如：

（33）T: Still 在句子中作为副词的作用，所以可以放在这里	
	U4　F1
还有刚刚张志鹏翻译的那句话，翻译得很好啊	
	U2　F7
Find my kind of humor funny	U1　F3

大家找到这句话	U2	F5
要注意这个结构	U2	F5
它其实是接了什么成分？	U2	F2
双宾 <The teacher made a mistake, then corrected it by himself>		
	U2	F1
看到第一个宾语是 my kind of humor	U4	F1
然后接的是 funny，应该是宾补	U4	F1
Funny 作为 my kind of humor 的宾补	U4	F1
大家画一下	U2	F5
就是说，find+ 宾 + 宾补 <on the blackboard>		
	U4	F1
大家翻译一个句子	U2	F5
我觉得这个故事非常有趣	U2	F1
Ss: I find the story very interesting		
T: I find the story interesting	U1	F4
I find the story very interesting	U1	F4
I find the story very interesting	U1	F4
好, next one	U3	F5
当我回来时，我发现门开着	U2	F1
I found the door open <students read together>		
	U1	F1
那么这个 open 是动词还是形容词？	U4	F2
T: Look at the first object my kind of humor	U1	F1
Then followed funny, should be object complement		
	U1	F1
Funny as the complement of my kind of humor		
	U1	F1
Everyone analyzes it	U1	F5
that is, find plus object plus object complement		
	U1	F1

　　　　　　Everyone tries to translate this sentence　U1　　F5

　　上述例子表明，单位内话语转换在外语课堂里使用非常频繁，尤其在大学英语教师进行语法和词汇教学的过程中。单位内话语转换发生时，说话者需要知道两种语言——英语和汉语，来生产符合语法规则的正确句子和话语。教师频繁地使用单位内话语转换，表明他们可能是流利的双语者。

（三）附加单位话语转换

　　大学英语课堂话语中附加单位话语转换也较普遍。使用最频繁的附加单位包括副词、疑问词等。如下面的例子：

（34）T：Bad idea　　　　　　　　　　　　　U1　　F4
　　　　　I love … 我很爱我的吉他啊，next　　U3　　F3
　　　Ss：Bake…bake
　　　　　烤蛋糕，烤蛋糕
　　　　T：好建议还是坏建议？　　　　　　　　U2　　F2
　　　Ss：坏建议
　　　　T：Bake，我不会，怎么烤啊？　　　　　U4　　F3
　　　　　Ah，OK，next　　　　　　　　　　　U1　　F5
　　　Ss：Good idea, good idea
　　　　T：Good idea　　　　　　　　　　　　U1　　F4
（35）T：Sure of advice <write on the blackboard>　U1　　F3
　　　　　好，这就是我们本单元的重点：should 和 could 的用法
　　　　　　　　　　　　　　　　　　　　　　　U4　　F3
　　　　　当你对你自己的意见很肯定确信的话，you should
　　　　　　　　　　　　　　　　　　　　　　　U4　　F3
　　　　　你不太肯定的话，you could，对不对？　U4　　F3
　　　　　那我们反过来讲，should 的否定是什么？
　　　　　　　　　　　　　　　　　　　　　　　U4　　F2
　　　Ss：[Should not
　　　　T：Should，should not]　　　　　　　　U1　　F4

那么同样，sure or not sure, should not 等于 shouldn't
　　　　　　　　　　　　　　　　　　　　U4　　F3
是等于 shouldn't 吧，是不是？　　　　　U4　　F2
好，这个是属于哪个啊？　　　　　　　　U2　　F2
Not sure of advice or sure of advice？　　U1　　F2

　　例（34）和（35）中，教师在一个一个解释课文里的单词与短语。她不断通过附加成分进行引导，话语转换相应进行。在解释了单词或短语之后，她在下一个话语单位中转换到汉语或英语。这些话语单位里的附加成分，如 next、"是不是"，附加在话语单位末尾，以引起话语转换，以此来转换教学目标和任务等。这些附加语一般不放在话语的其他地方，而且大多数情况下受句法限制，因此才叫附加语。附加单位话语转换在其他课堂的话语中也可以找到。可以看出，这些附加语的出现经常会引起话语从一种语言转换到另一种语言。

　　本节讨论分析了大学英语教师每节课的话语分布和语言类型分布情况、每节课师生之间话语分布的差异等。结果显示，大学英语教师与学生每节课的平均话语量之比约为7∶3，学生话语量在整堂课的话语量中占较小的比例。师生课堂话语单位与话轮的数量不对等。可能的原因是，现在的大学英语课堂仍然是教师主导课堂交际。两所高校的大学英语教师在话语量分布上没有显著性差异。在不同性别教师的比较上，话语量分布也没有显著性差异。在英语课堂语言使用上，教师之间和课堂之间有许多相似性和差异性。

　　一些因素对大学英语教师话语的使用可能产生影响，如教师的英语水平、课文内容、教师接受的正规训练情况等。英语教师的英语水平对课堂里英语使用量有很大影响。目标语语感程度高似乎促使教师使用更多的目标语。教师的教龄与对汉语或英语的使用之间没有什么关系。

　　所有大学英语教师和课堂都有大致相同的话语转换功能类型分布。三种话语转换功能类型的话语分布在教师与课时之间也没有显著性差异，即所有大学英语教师和课时在三类话语转换的类型分布上具有相似性。每名教师与每堂课的八个功能类型之间话语量有显著性差异，在八个功能上使用的话语量不同，这表明大学英语教师在不同内容教学上使用不同的话语量以实现不同的功能。这缘于不同课堂的不同教学任务。此外，不同教师与不同课时的三类话语转换使用有显著性差异，使用更多的是单位内和单位间话语转换类型，而附加单位话语类型并不多见。

　　单位间话语转换在教授单词和语法时是最常出现的类型。研究表明，单位间话语转换发生在话轮里或话轮间，后者更为常见。比如，一个学生说汉语，而其他学生通过话语转换说英语，这时单位间话语转换就很自然地产生了。又如，学生在使用英语的情况下转换到汉语，一般是一个新的话轮开始。也可能是其他人说英语，而一名学生转换语言使用汉语，比如为了寻求帮助。单位间话语转换对学生来说是一个自然的选择，因为他（她）不一定必须知道两种语言的语法来生产语法正确的话语。而如果要使用单位内话语转换，则必须了解两种语言的语法。

　　与自然话语一样，大学英语教师的课堂话语里都有这类单位内话语转换。他们插入汉语词语或短语到英语矩阵语言框架内，或者反过来使用。这个情况更多涉及老师的教学安排。比如教师在教课文的语法知识点时，可能会使用混合语言的话语，这种话语不会妨碍听者对话语的理解。教师在这种情况下也会考虑如何转换话语来自我"纠正"。这种行为也表明，教师教语法知识点时一般使用目标语英语。例如，当一个单词是一个教学目标时，不管英语还是汉语作矩阵语言，话语却可能被修改、被移动或转成混合语言形式。

　　附加单位话语转换与上述两类话语转换相比则少得多。这可能受教师在课堂上使用话语转换的结构所限。从上述分析中可知，大学英语教师在课堂上话语量占据优势，通常占据主导地位，他可以控制教学进度与话轮的安排，课堂上基本没有更多的时间或空间让学生或师生自由交谈。而且，在以教师为主导的课堂讨论活动中，讨论并不是很自然地进行，而是教师来控制其进度。课堂活动总是有一定目的的，如学习用过去式造句等，课堂上的教学目标都是以教师的安排为主。在这种情况下，学生关注是否能造出正确的句子，而不是进行讨论。在学生结对练习和小组活动中可能有更多的附加单位话语转换发生，因为在这些活动中要求学生说英语进行讨论。

第三节 话语标记语的使用模式

话语转换时会有一定的标记性,即在话语转换过程中,教师使用话语标记语。话语标记语是话语转换的触发器。话语标记语也是一种语言学手段,是说话者用来标记即将说的话语如何与当时的话语状态相关。许多话语转换都是由 yeah、ok、"好"(good)、now 等话语标记语来触发的。本节将具体分析大学英语教师使用的这些话语标记语承担了哪些功能,显然他们使用这些话语标记语都是为了实现教学目标而进行话语转换。

话语标记语的出现与话语转换有密切的关系。在语料转写过程中我们发现,教师在教学过程中为了当时的需要而进行话语转换,其间话语单位前后有大量话语标记语。根据统计,所有课时使用话语标记语的话语量共有 916 例。其中有四个主要的话语标记语出现的共 823 例,占总数的近 90%。最常用的话语标记语是 now,接下来是 ok。根据话语标记语使用的功能与特点,课堂话语标记语可以分为四类:①那些没有核心意义或原来被看作助词或小品词的英语话语标记语,如 oh、well、hum、ok、right、yeah。这些标记语有些是没有实际意义的,或与所阐述的内容无关(比如 well、hum),有的只有程序意义或对所表达的意义做一些补充。这些标记语经常出现在话轮或话语单位的开头,很少增加或一点儿都不增加语义内容,但似乎充当说话者有意控制交流的指示语。②一些没有核心意义或原来被看作助词的汉语话语标记语,如"了、呢、吧"。③有的是连接语篇而经常被看作连词的话语标记语,但它们在课堂话语里的人际意义较弱,如:and、but、so、then、I think、I mean。它们具有非常清晰的兼容意义,而且有利于与话语标记语相联系的阐述。④一些特殊的课堂话语标记语,是教师自己在课堂里基于教学习惯形成的,比如:"Do you agree me?""Do you think so?""Yes?""Isn't it?"这些公式化的套语,也被看作话语标记语。从语义学的角度看,它们具有元语言特征。它们被用来指语篇本身或参与者之间的互动,而不是指课文所叙述的内容。从其结构来看,它们出现在一个话语单位的前面或末尾。它们也包括一些词汇化或变异的成分,如 hum、en、oh,这些词经常出现在话语单位的开头位置,充当话语标记语的功能。这类话语标记语一般比普通的话语标记语结构要复杂，而不是固化或僵化地使用。任何话语和语篇的组织与构建都是社会性的和文化性的，因此，与课堂环境和文化有着密切的联系。

根据以上话语标记语的分类与不同的功能特征，本研究语料中出现最多的话语标记语主要有三方面的作用：①单个词的确认，如 ok、right、yes、yeah；②达到话语转换目的，如感叹词 oh、well、mm 等；③起协调或连接性作用，如副词 so、but、last、then、now、first、next 等。下面我们关注大学英语教师最常用的几个话语标记语：now、ok、yeah、good 和"好"。根据话语转换的不同功用，这几个话语标记语都有可能处于话语单位的开头，都可能触发话语转换。

一 Now

本研究中大学英语课堂话语中出现最多的话语标记语是 now，总共有 321 例，大约占所有带有话语标记语的话语总数的 35%。所有大学英语教师在课堂话语中都使用过话语标记语 now 作为触发器进行话语转换。但不同大学英语教师之间 now 的使用频率也有很大的不同，教师 2 和教师 3 相比其他教师使用话语标记语 now 的频率更高。Schiffrin（1987）认为 now 是一个指示成分，用来标记说话者即将说出的观点、定位或框架等的时间进程。本研究中，教师通过使用 now 来显示时间，标记教学任务进展情况，这时话语转换就可能发生。在下面的例（36）中，通过一系列话语单位，now 标记有序的进展，是标记这个话语序列的。在这个例句中，ok 也经常出现。

（36）Ss：In 多少多少时间

   T：OK，let's go on   U1   F5

    Three，掌握句型   U4   F5

    五年后你认为 Shine 将会怎样？   U4   F2

    这个句型：What do you think Shine will be in five years

                     U4   F3

    这个句型要掌握   U2   F5

I think she will be a doctor	U1	F3
OK, group one, group one	U1	F5
有更多的高楼大厦	U2	F3
Now, write down	U1	F5
<The teacher writes the sentence on the blackboard>		
There will be more buildings	U1	F3
Fewer time and more buildings	U1	F3
接可数名词的**复数形式**	U2	F1
Now, fewer time, more buildings	U1	F4
OK, let's go on <call a student>	U1	F5
Now, can you?	U1	F2
Translate 6, 6, 6	U1	F5
Now, pay attention to fall, fall	U1	F5
Now it's the verb	U1	F3

  Ball（1986）认为，now 是一个表示时间过渡性的标记语，经常是新的说话者的开头语。当为同一说话者时，则使用它来表明一个新的观点，或开始一个新的话题。now 可以用来作主题推进的过渡性标记语。大学英语教师在课堂交流中经常使用 now 来表明新的话题或教学任务。教师在解释一些语言点后，使用话语标记语 now 进行话语转换，转到目标语上来，提醒学生将进展到下一个教学任务。例如：

（37）T: 'Should' do you know?	U1	F2
Ss: 应该		
T: Right. It is a modal verb 应该	U3	F1
这两个词都是情态动词	U2	F1
Now, listen	U1	F5
挑出里面的 circle "could" "should"	U4	F5
Let's begin	U1	F5
Ss: <listening the recorder>		

T: Now, one. Circle（…）	U1	F2
Ss: Could		
……		
T: 球赛票	U2	F4
Now, do you understand?	U1	F2
Ss: Yes		
T: Right	U1	F7
Turn to page（xxx）	U1	F5
Look at one	U1	F5
You could write him a letter	U1	F3
……		
T: Right. Turn to page 87（.）	U1	F5
The girls read one, and boys read two, one two start	U1	F5
Ss: <read the text>		
T: Right	U1	F7
Now, 谁能来翻译一下? <call a student in Chinese>	U4	F2
Hey, Peter, what's wrong	U1	F3
What's the matter	U1	F3
What's up	U1	F3

在英语课堂中，教师可以使用 now 来引起学生对新的观点或新的教学安排的注意。Grosz 和 Sidner（1986）的研究认为，使用 now 可以标记一个事件或注意力的变化，为学生在显性的物体或话语上创造一个新的关注空间。例如：

（38）T: Look at the problems in Table 1 and make a conversation
　　　　　　　　　　　　　　　　　　　　　　　　U1　F5
　　　Now, 看着 A 的问题，然后我们组成对话　U4　F5

第六章　话语转换的结构模式及语言使用特征　111

那么，这些 What's wrong？	U4	F2
Out of style	U1	F3
Maybe you should buy some new clothes	U1	F3
Now, please, please practice like this	U1	F5
像这样的我们要经常练一下啊	U2	F5
那么，这些问题有1，2，3，4，5	U2	F5
啊，练一下，practice（…）	U4	F5
T: Ah, you should, you could, 对不对？	U3	F2
啊，这两个词语气会稍有不同	U2	F1
Now, 看到 grammar	U4	F5
What should I do？	U1	F2
啊，我该怎么办？	U2	F4
Now, 翻过来	U4	F5
Make a conversation	U1	F5
What do you think of advice？	U1	F2
Next to it, use the suggestion，建议	U3	F5
Write a good idea, old idea and bad idea	U1	F5

在教学过程中，我们发现有些教师在教学的时候并不非常明显地表明引入一个新的话题或新的教学任务，而是使用话语标记语来继续开始的话题。例如：

（39）T: 应该，应该	U2	F4
Now, 我们已经学过	U4	F3
We have learned	U1	F4
We have learned	U1	F4
啊，我们学过的，是吧？	U2	F4
Ah, can you make a sentence？	U1	F2
Can you make a sentence？	U1	F4
Can you make a sentence？	U1	F4

Now，姚馨	U4　F5
S：If you have a cold, you should lie down and have a rest	
T：Yeah, very good	U1　F7
OK, let's make a dialogue	U1　F5
Let's make a dialogue	U1　F4
Now, er, if…illness, illness	U1　F3
If you have a cold, I have a cold, I have a toothache	
	U1　F3

二　Yeah

所有大学英语教师在课堂上都使用过话语标记语 yeah。不同教师和不同课堂上 yeah 的使用有一定的差异。例如，教师 2 比其他教师更偏爱使用 yeah，使用的数量较多。话语标记语 yeah 和 yes 在教师的话语转换里起不同的作用。yeah 能够非常好地解释如何决定话语的类型，以及在较长话语中区别话语填充语与话语本身。话语单位开头的 yeah 用来表示同意或表明对前一话语的确认，也可以充当话语转换的触发器，引出学生的反应，或使他们接受前一话语。例如：

（40）T：Sit down, please	U1　F5
Now, next, argue	U1　F5
S：Argue, a-r-g-u-e, argue, 争吵	
T：争吵	U2　F4
Yeah, 打电话给某人	U4　F2
S：Call sb up	
T：Now, next, 与什么一样的	U4　F2
S：The same as	
T：OK, yeah, 时髦的	U4　F2
S：In style	
T：好, 不时髦的呢？	U2　F2

S: Out of style			
T: Out of style		U1	F4
Now, next, 在电话中交谈、通话		U4	F2
S: On the phone			
T: Yeah, sit down		U1	F5
好, next, 付款		U4	F2
S: Pay for			
T: Yeah, pay for		U1	F4
Yeah, 下一个 original		U4	F2

(41)
T: The father of science fiction		U1	F3
科幻小说之父		U2	F4
Yeah, 你应该知道他		U4	F5
Yeah, 好, we'll going to, going to read two books written by him		U3	F5
Now the 1st book is, which book is the 1st book?		U1	F2
Ss: 20,000 (…)			
T: Yeah, 20,000 Leagues Under the Sea		U1	F4
Now, what's the main idea, what's the main idea this book?		U1	F2
What, what happened in this story?		U1	F2
Go on, we'll go on listen		U1	F5
Yeah, 发生什么事了?		U4	F2
What happened?		U1	F4

话语标记语 yeah 可以被用来调动其他说话者积极的反应——肯定或认可。这种情况下，yeah 一般用来作话语转换的标记，后面可能转换语言。话语标记语 yeah 可以是教师提供一个积极的反馈，通常在学生正确回应后教师进行反馈确认。例如：

（42）T： Yeah, it is long or it was long?　　　U1　F3
　　　　 Before…something happen (…)　　　U1　F3
　　　　 在我们见面，在我们再见面以前，下次再见面之前，还要经
　　　　 历很久　　　　　　　　　　　　　　U2　F3
　　　　 Yeah, 在我们见面，下次再见面之前，还要经历很久
　　　　 　　　　　　　　　　　　　　　　　 U4　F4
　　　　 Yeah, it is long or it wasn't long or what?
　　　　 　　　　　　　　　　　　　　　　　 U1　F2
　　　　 Now who can translate?　　　　　　　U1　F2
　　　　 Now translate　　　　　　　　　　　 U1　F5
　　　　 Yeah, 再见面还要很久　　　　　　　 U4　F2
　　　　 It is long before <pause for a while>　 U1　F2
　　　　 It is long before…before what?　　　　U1　F2
　　　　 It is long before what?　　　　　　　 U1　F2
　　　　 We meet <pause to wait for an answer> again
　　　　 　　　　　　　　　　　　　　　　　 U1　F3

话语标记语 yeah 可以充当说话人对自己陈述的肯定，这时可能引起话语转换。例如：

（43）T:"F"的音和"H"的音分不清　　　　　U4　F3
　　　　 我们怎么说"化肥厂开化肥会，粉红凤凰飞"?
　　　　 　　　　　　　　　　　　　　　　　 U2　F3
　　　　 你得说得非常快 and without mistakes, 对不对?
　　　　 　　　　　　　　　　　　　　　　　 U4　F7
　　　　 在没有错的情况下，要说得越快越好　　U2　F5
　　　　 同样呢，在英文里我们也有很多 tongue twisters
　　　　 　　　　　　　　　　　　　　　　　 U4　F3
　　　　 Yeah, we can pronounce words correctly

                                                      U1   F5
         Yeah, now let's look at three tongue twisters
                                                      U1   F5
         Here, 这里有 3 个绕口令   U4   F5
         Yeah, 通过读这 3 个绕口令, 我们可分别一些读音的
                                                      U4   F5

教师在进行语言知识讲解过程中, 有时候对学生的回答进行认可或表示赞同, 他可能会使用话语标记语, 进行话语转换, 例如:

(44) T: 那是什么呢?   U2   F2
         麻烦事, 麻烦事, 啊, 不容易解决的, 比较棘手的事
                                                      U2   F3
         那么这个 question 呢?   U4   F2
         问出来的问题, 问 (重读), 答 (重读), 啊, is ask a question
                                                      U3   F3
         能不能 ask a problem?   U3   F2
    Ss: 不能
    T: Yeah, 我们知道是不是严重?   U4   F2
         严不严重啊?   U2   F2
         Tell me   U1   F2
         My parents want us to stay at home day and night
                                                      U1   F3
         Yeah, 爸爸妈妈想要我天天待在家里   U4   F4
         这个问题严不严重?   U2   F2

教师在讲解的过程中不时与学生互动, 以确保自己话语的含义能被学生理解。这时候使用 yeah 可以充当对相关内容的直接反应, 它可以作为一种陈述话语的标记。教师有可能使用话语转换, 对所提出和所讲述的问题自问自答, 并寻求学生对教学内容的实际反应。例如:

（45）T： OK，so much for the tongue twisters　　U1　　F5
Let's look at the listening part　　U1　　F5
Now yeah，look at the first part　　U1　　F5
There are six pictures here　　U1　　F5
Yeah. Have you found it？　　U1　　F2
看到没有啊？　　U2　　F2
Yeah，这里有六幅图，是不是？　　U4　　F2
Yeah，after you listening the tape，you should number（…）
　　U1　　F5
你应当把这些什么图画按顺序排列好　　U2　　F5
Yeah，the story is a funny story，I think　U1　F3
Yeah，这个非常滑稽可笑的故事　　U4　　F4
After you listen to it，you'll be very（…）　U1　F5
Yeah, you will feel very happy　　U1　　F5
And I will give you the first picture，is the fifth one
　　U1　　F5
Yeah，第1幅图还是第5幅　　U4　　F5
是顺序第1个啊　　U2　　F5
我先告诉你，第1幅图是这个　　U2　　F5
There's a story about a man and a lady，yeah
　　U1　　F3
是关于一个男的和一个女士的故事　　U2　　F3
Yeah，and the man is a minister in a church　U1　F3
这男士是在教堂里做牧师的，好　　U2　　F3
Now，Let's look at second part　　U1　　F5
There're several questions there　　U1　　F5
Let's look at the second question　　U1　　F5

三 ok

英语课堂话语中标记语 ok 也较常用。ok 在日常会话中是一个常见而口语化的词，一般用来对前述事件作肯定和认同。教师在与学生进行教学互动时，常用 ok 表达对学生的回答或反应的肯定和确认。Stenstrom（1994）认为，ok 在不同的场合具有不同的功能，这取决于 ok 在话语使用中的非正式程度。ok 在话语中的位置不同，它的含义和功能也不同。ok 在话轮话语的开头可以表示同意，而且也表明对前一话语的确认。但是在这个位置上的使用也取决于话语的语调，假如说话人有气无力地说 ok，或是末尾用升调，这时 ok 就表达不情愿或很勉强地同意、认可的含义，甚至是一种怀疑的反应。还有，如果"Yes，OK"中的 OK 重读，则表明说话者对对方没有耐心。ok 如果在话轮结尾，通常是请求确认，具体含义也取决于说话者的语气和语调。下面我们只分析在大学英语课堂话语里出现在话语单位开头的话语标记语 ok 的使用情况。

我们发现在使用话语标记语 ok 上，不同课堂之间和不同教师之间有非常大的差异。教师 3 和教师 8 使用 ok 比其他教师要频繁得多，分别有 63 例和 61 例，而在语料 7 即教师 4 的话语里，没有使用一个 ok。

在大多数以 ok 开头的话语中，ok 被用来触发话语转换，表达同意或对前一话语的确认，就像 Stenstrom（1994）所指出的那样。在下面的例（46）中，ok 表明教师认可自己刚刚所说的话语或学生所回答的话语。英语话语标记语 ok 常常触发无标记话语转换，即从汉语转换到英语。

（46）Ss：玩火对于（xxx）
   T：玩火对于孩子们来说是很危险的　　　　U2　　F4
     OK, it is impossible for me to finish work in such a short time（…）
                  U1　　F3
   Ss：这么短的时间内完成工作是不可能的
   T：这么短的时间内完成工作对我来说是不可能的，不可能的
                U2　　F4
    好，next, it is important for parents to study with their kids at home

	U3	F3
Ss：父母和孩子们一起学习		
T：父母在家和孩子们一起学习是非常重要的	U2	F4
OK, let's go on	U1	F5
Do the same things	U1	F3
注意啊，做同样的工作，工作	U2	F1
Do the same work, do the same work	U1	F4
Next paragraph, 下面一段	U3	F5
看起来更像什么？	U2	F2
Ss：Look more like		
T：Look more like	U1	F4
一遍一遍地，反复地	U2	F3
Ss：Over and over		

上面这个例子中教师紧接着学生的话语使用母语，而前述教学任务是让学生翻译英语句子，这时教师用汉语来确认学生所翻译的内容。之后，教师又使用 ok 转换话语，回到目标语英语，让学生继续翻译句子。一般来说，教师始终牢记教学目标是让学生学习使用英语，教学话语要尽可能回到目标语英语上。即使使用标记性语言转换话语，也是为实现教学目标服务。本研究的语料中使用的话语标记语 ok，大部分具有触发话语转换的功能。例如：

（47）T：Yeah, 一个人做，独自一个人做	U4	F1
OK, can you？	U1	F2
会了吧？	U2	F5
OK, next, I might even, even	U3	F5
Ss：[甚至		
T：甚至]	U2	F4
Even 后面可以修饰比较级，可以修饰比较级	U4	F1
Even keep a parrot	U1	F3

也有一些例子显示，教师使用标记语 ok 带有随意性。例（48）说明教师转换话语有可能是随意的，也可能是为了简化指令、方便发指令等，以便快速进入下一教学环节，因而通过话语转换使用汉语。

（48）T：Good, this one?   U1   F2
        你看这个姜昆、大山   U2   F5
        This is cross talk cross talk   U1   F3
        OK，大家再看一看，就是属于相声   U4   F3
        这个老人就是我们刚才讲的马三立   U2   F3
        大家晓不晓得   U2   F6

教师在教学活动进行的过程中，每一次话语转换都带有其目的，包含不同的用意和动机。教师使用话语标记语 ok，可以表达一种建议行为或请求行为，比如请求确认、请求信息和解释-重复等。例如：

（49）T：看起来也很愚蠢   U2   F4
        And the thing he does (…)   U1   F3
        他所做的事情让人很奇怪   U2   F3
        OK，我们书上也有一些   U4   F5
        Mr. Bean，大家勾画一下   U4   F5
        Mr. Bean 以这种方式让人发笑   U4   F3
        Make people funny   U1   F3
        Now the third picture, the third picture   U1   F5
        It's very funny <Teacher comment>   U1   F7
        You think the person is male or female?   U1   F2
（建议行为）

（50）T：Comedy, comedy   U1   F4
        What's the meaning 'comedy'   U1   F2

Ss：喜剧（喜剧演员）

T：喜剧，不是喜剧演员，是整个剧本让人发笑　U2　　F3

　　OK, The second one is ?（…）　　　　　U1　　F2

Ss：Clown

T：Clown, clown means ?（…）　　　　　　U1　　F2

（请求确认）

（51）T：如果是礼物，那怎么翻译呢？　　　　　U2　　F2

　　S：这里有一个快乐的农民

　　T：那么这个 present <The teacher pronounced the verb> 是指目前的出席的

　　　　　　　　　　　　　　　　　　　　　　U4　　F1

　　　就是有一个快乐的农民在场吗？　　　　　　U2　　F2

　　　OK, repeat this sentence.　　　　　　　U1　　F5

　　S：Is there a pleasant peasant present

　　T：Is there a (.) pleasant (.) <lengthen the sound, followed the students chorus>peasant (.) present

　　　　　　　　　　　　　　　　　　　　　　U1　　F4

　　　后面这个字要念 present < The teacher pronounced its verb sound>

　　　　　　　　　　　　　　　　　　　　　　U4　　F3

　　　OK, sit down!　　　　　　　　　　　　U1　　F5

　　　那么，大家再把最后这句重复一下，稍微快一点

　　　　　　　　　　　　　　　　　　　　　　U2　　F5

　　　OK, Is there (.) One two start　　　　　U1　　F5

（请求行为）

T：OK, this one　　　　　　　　　　　　　U1　　F5

　　OK, sentence two　　　　　　　　　　　U1　　F5

　　I thought a thought　　　　　　　　　　U1　　F5

　　I thought…one two start　　　　　　　　U1　　F5

Ss: <The students read the sentence in chorus>
T: OK, Good, 你们读得很齐, 但就是语速不够快

| | U4 | F7 |

OK, 好, That's tongue twisters, tongue twisters

| | U3 | F5 |

OK, that's all for this　　　　　　　　　U1　F5

Let's move on to the speaking part　　　U1　F5

（请求信息）

（52）T: OK, 如果不是绝对地没有关系, 可能是只有一部分有关

| | U4 | F3 |

Has something to with something, OK?　U1　F2

OK, 至少不是完全相关性　　　　　　　U4　F3

We can become more creative, OK　　　U1　F3

So a question, OK, will come up　　　　U1　F3

OK, 有一个问题出现在当中了　　　　　U4　F4

Everybody will come up with a question　U1　F3

想到一个问题　　　　　　　　　　　　U2　F3

那么, 怎么来变得富有创造力的思维?　　U2　F2

How can we be active in thinking, how, OK

| | U1 | F2 |

This is a very very difficult question to answer

| | U1 | F3 |

很难回答的问题　　　　　　　　　　　U2　F4

但是作者呢, 从4个方面来解答　　　　 U2　F5

OK, 首先我们来看一下标题　　　　　　U4　F5

OK, look at the title　　　　　　　　　U1　F5

OK, look at the title, subtitle of the book

| | U1 | F4 |

看到这些副标题　　　　　　　　　　　U2　F4

No. one, thinking out of box	U1	F5
看起来，表面上这个 box 是什么意思？	U4	F2

（解释 - 重复）

四 Good 和"好"

Good 和"好"作为话语标记语在日常口语中经常使用。它们可以放在话语单位的不同位置而且表达不同的句法功能。如果说话者用英语 good，后面一般接目标语；如果说话者使用"好"，后面一般会通过话语转换使用汉语。Miracle（1991）认为，good 和"好"不仅在许诺/请求等社会行为的发展和结束中起重要作用，而且可以帮助说话者决断，或表明将转入下一个新话题或社会活动。它们还可以在日常会话中标记事件的结束，如电话结束、其他活动的结束等。它们还可以在一个特定的话轮里作为观点管理的标记，表明前一话题或活动结束，将转入另一话题或活动。在本研究的课堂话语中，教师主要使用 good 和"好"来做决断，或标记转入新话题或新教学任务，一般使用不同的话语标记语转入相应的话语中。例如：

（53）T:	Sentence four	U1	F5
	污染	U2	F1
	Uncountable noun，不可数名词	U4	F1
	Good, more, less, fewer	U1	F5
	这几个词，特别是 less and fewer	U4	F1
	How to check them? \<call a student to answer the question\>	U1	F2
	Less and fewer	U1	F2
Ss:	Less 是接不可数名词		
T:	Live to be	U1	F3
	将活到	U2	F3
	Now, write it down	U1	F5
	把它写下来	U2	F4

好，一百年之后呢？	U2	F2
In one hundred years	U1	F4
Yeah and we can say？	U1	F2
还可以怎么说？	U2	F2

（54）T：也　　　　　　　　　　　　　U2　　F4

Too、also、either 三个词的区别啊	U4	F2
记一下啊，写一下	U2	F5
Too 用于肯定句的句尾	U4	F1
Also 用于肯定句的句中	U4	F1
Either 用于否定句或疑问句的句尾	U4	F1
好，举个例子啊	U2	F5
Either 也，那 either 还有什么意思呢？	U4	F2

一般情况，无标记使用的"好"后面接汉语话语。但并不总是如此，教师有时也在"好"后面使用英语单词或混合语言。在话语转换中含有"好"的共 152 例，有 62 例在"好"后面接英语话语。例如：

（55）T：The way to the cinema ＜write on the blackboard＞

	U1	F3
这种情况下，我们不用什么 of 的	U4	F1
什么什么的票啊	U2	F3
门的钥匙啊	U2	F3
我们习惯用 of 这个词	U4	F1
这个你们要注意啊	U2	F5
A ticket to a ball game	U1	F3
好，这是课文叙述	U2	F5
这样，我们讲完以后，我们的重点就全出来了		
	U2	F5
这个单元是" talk about problems"" give advice"		

		U4	F3
给出建议应该是怎么给？		U2	F2
（56）T：Like doing something		U1	F4
好，the last one		U3	F1
I don't want to talk about it on the phone		U1	F3
On the phone underline		U1	F5
'Talk about' means		U1	F2
Ss：交谈，谈论			
T：交谈，谈论		U2	F4

　　课堂话语中使用标记语越多，大学英语教师的话语转换就越频繁，因此话语转换中使用汉语的话语也更多。从语言学习的角度来看，我们建议英语教师尽可能使用更少的话语标记语，特别是汉语的话语标记语，除非一定要通过话语转换来完成一定的教学目标。

　　在英语课堂话语中，教师会使用大量话语标记语来完成某些教学任务和目标。许多话语转换都是由 ok、"好"（good）、yeah 等话语标记语来触发的。大学英语教师在动态的课堂语境下，根据学生对教学任务的不同反应使用话语转换，从而选择使用不同的话语标记语。不同的教师有不同的话语方式，在相同的语境下也可能会使用不同的话语标记语，这同样受现场的动态教学语境影响。话语标记语的实际使用受课堂语境影响很大，不管说什么（如表达意义）还是怎么说（如选择不同的措辞和形式），都受当时课堂教学语境的影响。所有话语标记语在不同的话语中都具有目的性。不同的话语标记语可能具有相同的话语功能，同一个话语标记语也可能有不同的功能。这些话语标记语通常不会影响话语的真值条件，也不会增加命题内容，但可能会提升话语的情感功能和表达功能，或者增加交际意义。

　　根据矩阵语言框架模式，本章首先分析了大学英语教师话语转换的结构模式。某些词类在教师话语转换中使用得非常频繁，特别是名词、动词和副词。我们发现，话语转换中的英语词类与汉语词类具有一定的等同性。不同的词类在话语转换中表现出不同的使用频率。其中，名词类话语转换最为普遍，而有的词类（如代词、介词和连词）则出现的相对较少，这与教学中关注的主要词类有关。两种语言的范畴与语序的等同性在话语转换中起重要作用。

不同大学英语教师之间和不同课堂之间话语分布有一定的差异，分布极不对称。英语教师在英语课堂里使用大量话语标记语，这些话语标记语能触发话语转换。在英语课堂里，每个话语标记语在教学过程中都具有不同的话语功能，同时不同的话语标记语可能具有相同的话语功能。

第七章 话语转换的话语功能

大学英语教师的课堂话语都具有目的性，其话语转换也具有一定的教学或交际目的。本研究将话语转换的功能区分为三大类：围绕课文或主题内容、围绕课堂管理以及围绕协调人际关系。具体的话语转换的功能包括：F1（语法教学：解释词汇和语法知识），F2（引导回答：引导学生的回答问题或翻译），F3（内容澄清：澄清所教的语言知识），F4（举例重复：举例翻译）；F5（课堂管理：班级纪律管理）；F6（语言幽默：缓和气氛讲笑话），F7（赞扬与评论：表扬、赞赏、鼓励学生）；F8（人际与身份：构建人际关系与身份）。下面结合大学英语教师的课堂话语对话语转换的每种功能进行具体分析。

第一节 话语转换围绕课文或主题内容

围绕课文内容或教学主题任务使用的话语转换，是为了帮助学生理解课文内容、构建语言知识。大学英语教师在完成不同教学任务的过程中会有意无意地使用话语转换。话语转换的目的是给英语水平和知识水平有限的学生传达与课程相关的知识内容。英语课堂重要的交际部分，就是教师和学生相互之间谈论课文内容和语言知识等。课文里面涉及的各种语言知识一般被认为是师生之间最基本的交际内容，师生围绕这些内容进行描述、解释、讨论或者角色扮演等。话语转换在围绕书面课文的语篇讨论或教师引导和澄清课文内容时起到非常重要的作用。所有教师在课堂上都或多或少使用了话语转换。而且大多数英语课堂的话语转换是围绕课文内容进行的。本研究前四种功能（F1、F2、F3 和 F4）的话语转换占话语转换总量的 75.7%。其中，用于内容澄清的话语转换比基于其他功能使用的话语转换要多得多，占总数的 38.2%。最后三种功能（F6、F7、F8）的话语转换不超过总数的 3%。

一　语法教学

按照 Polio 和 Duff（1994）的观点，课堂管理与词汇、语法教学为两类不同功能的话语转换。词汇和语法教学类话语转换与对课文的难点解释有关。教师在对词汇和语法知识讲解的过程中常常转换话语，来帮助学生理解课文内容。这可能是由于部分学生的水平比较弱，用全英文解释怕他们听不懂，教师就很自然地使用话语转换来教授词汇和语法知识。

我们统计解释词汇和语法知识时不同类型的话语转换的数量。其中，52% 的 F1 功能话语转换是在话语单位内进行的，42% 是单位间话语转换，6% 是附加单位话语转换。F1 功能的单位内话语转换比较多，说明教师插入更多的汉语来解释课文单词和语法知识点。

F1 功能的话语转换的语言类型也呈现多元化。20 节课中涉及 F1 功能的话语转换里，超过 61.3% 采用汉语（U2）或汉语夹英语（U4）语言类型，而 38.7% 采用英语（U1）或英语夹汉语（U3）语言类型。例如：

（57）T：感动，用哪个词？	U2	F2
Ss：(xxx)		
T：Move，是 moving 还是 moved？	U4	F2
Ss：Moved		
T：如果是人做主语的话	U2	F1
I, am deeply moved	U1	F1
Yeah, I am deeply moved	U1	F4
为什么在这里用 moved 而不用 moving 呢？	U4	F2
在这里表示人做主语	U2	F1
表示某人感到	U2	F1
如果说一部感人的电影呢？	U2	F2
我们可以说 a moving film	U4	F1
Yeah, a moving film	U1	F4

在这里，deeply 表示深深地，深深地，作副词		
	U4	F1
表示一种抽象的意义	U2	F1
OK, so much for this word	U1	F5

例（57）是教师在解释 moving 和 moved 的使用区别。她多次转换话语来说明两个词的正确使用方法。在解释词汇及语法时，她通过话语转换转到汉语，以汉语为矩阵语言，将英语词汇插入汉语话语里。

（58）T: 比如说，这个洞很深，这个井很深	U2	F1
井，how to say?	U3	F2
Ss:（xxx）		
T: Well	U1	F3
The well is very [deep	U1	F1
Ss: Deep]		
T: Yeah, the well is very deep	U1	F3
作形容词表示深的	U2	F1
它还可以作副词	U2	F1
修饰动词啊，或者说表示副词的意思	U2	F1
那么，在这里另外一个副词的形式在后面加上 ly		
	U4	F1
deeply 与 deep 作副词的区别在哪里呢？	U4	F2
它（deeply）在这里通常表示抽象的，深深地 <on the blackboard>		
	U2	F1
比如说，他被深深地感动了	U2	F1
他被深深地感动了	U2	F4
是用它的原形，还是 deeply 啊？	U4	F2

例（58）中，教师在解释单词 deep 的使用。她使用话语转换为了更好地解释如何使用 deep 这个单词。同样，英语单词，特别是被解释的英语单

词，会被插入汉语矩阵语言框架内。

词汇和语法是大多数课堂教学的主要内容。大部分大学英语教师的课堂都使用汉语或混合语言来体现话语转换的 F1 功能。大多数词汇和语法知识点用汉语或汉语夹英语的形式来解释。英语课堂的目标语是英语，但由于部分学生语言能力有限，课堂里会有很多话语转换的现象。教师一般会转换语言或使用混合语言来帮助学生更好地理解所讲的语法和词汇点。转换后的话语单位以汉语或汉语夹英语为主，即将英语单词或短语插入汉语矩阵语言框架中。在教师讲解词汇与语法的过程中，所举的例子都是英语例子，但说明和解释一般用汉语或汉语夹英语形式。例如：

（59）T：适合的，恰当的，suitable　　　　　　　U4　F1
　　　　它的反义词是 unsuitable，unsuitable　　　U4　F1
　　　　动词形式为 suit　　　　　　　　　　　　U4　F1
　　　　那么，它通常跟 for 连用　　　　　　　　U4　F1
　　　　跟介词 for 连用，适合什么什么　　　　　U4　F1
　　　　比如说他适合这份工作吗？　　　　　　　U2　F3
　　　　怎么讲呢？　　　　　　　　　　　　　　U2　F2
　　　　Is she suitable for this job？　　　　　　　U1　F3
　　　　Is she suitable for this job？　　　　　　　U1　F4
　　　　跟介词 for 连用　　　　　　　　　　　　U4　F3
　　　　我们把这边的单词看完哈　　　　　　　　U2　F5
　　　　最后一个短语我们学过哈　　　　　　　　U2　F5
　　　　Apply for，申请，请求　　　　　　　　　U3　F1
　　　　Apply 还可以作为其他什么意思？　　　　 U4　F2
　　Ss：应用
　　T：作为"应用"跟哪个介词呢？　　　　　　　U2　F2
　　Ss：To

教师使用话语转换来解释句子中词汇和语法的使用，进行词汇或短语的翻译。例（59）中，这个教师可能认为学生不了解这些单词和短语如何使用，所以她不得不用汉语来翻译句子中的短语和单词。此外，教师通常在讲解语法时转换语言，且以翻译的形式出现。这些话语转换是有意识的，因为其目的是教英语语法，汉语和英语同时出现在同一话语中。语法翻译法意味着教学生语法时，有些例子可以同时用英语和汉语来表达，目的是引导学生学习语法。大多数情况下，语法翻译法出现在教师用英语或汉语问问题，而学生用汉语或英语来翻译的情况下。教师这时给出例子，同时用英语和汉语说出来，例如：

（60）T：身上   U2   F4
　　　　OK, sit down, please   U1   F5
　　　　Which turns out to be a submarine, turn out
　　　　　　　　　　　　　　　　　　　　　　　　　　U1   F2
　　　　Yeah, 结果是, 证明是   U4   F1
　　　　Turn out, yeah, turn out, turn out can be followed by 'to be'
　　　　　　　　　　　　　　　　　　　　　　　　　　U1   F1
　　　　Turn out 可以接 to be, 也可以接名词或者什么啊？
　　　　　　　　　　　　　　　　　　　　　　　　　　U4   F1
　　　　结果证明, 实验结果证明, 这件事是失败的
　　　　　　　　　　　　　　　　　　　　　　　　　　U2   F3
　　　　这件事是失败的   U2   F4
　　　　实验结果证明, 结果是失败的   U2   F4
　　　　Who can translate?   U1   F2
　　　　Now, 胡盈, please translate   U3   F5
　　　　实验结果证明, 这件事是失败的   U2   F4
　　　S：It turns out to（…）
　　　T：To be a（…）   U1   F2

例（60）展现了语法翻译法是如何在课堂里使用的。教师转换语言，用汉语问学生如何翻译"结果证明"这个短语，学生非常正确地翻译出来了。这种情况下，教师让学生翻译，而不是教师自己提供翻译，这是因为，

大多数短语和语法点在前一段时间教过,其实这是在考查学生的熟悉程度。例如:

(61) T: You know 'ask for advice'?   U1   F2
      Ss: Yeah
      T: Yeah,什么意思?   U4   F2
      Ss: 问意见
      T: "征求意见,询问建议"的意思   U2   F1
         Ask for advice <write on the blackboard>   U1   F4
         在这里是"征求意见、征询建议"的意思   U2   F3
         What should I do?   U1   F3
         What should he do?   U1   F3
         在这里都是表示征求意见的   U2   F3
         You could write him a letter   U1   F3
         你可以给他写封信   U2   F4
         They should talk about their problem   U1   F3
         他们应该谈论他们的问题   U2   F4
         那么,这两个词当然有区别了,对不对?   U2   F3
         肯定有区别了   U2   F3
         'Could' what is the Chinese meaning?   U1   F2
     Ss: 可以
      T: "Should"呢?   U4   F2
     Ss: 应该

例(61)中教师在教授短语"ask for advice",询问短语的含义以及如何使用。教师试图通过造句让学生记住使用结构:"What should somebody do?"他用汉语解释这个结构在不同条件下的使用,从而达到教学目的。然后,他用混合语言话语问学生问题,以此引导学生回答问题。教师没有等到学生的回应就自己提供了答案。从录音和观摩情况来看,教师如此做是为了节省时间,以便完成其他教学任务。

二 引导回答

大学英语教师在上课过程中基于不同的教学任务会不断进行话语转换，从目标语英语到汉语，或反过来从汉语到目标语英语，以引导学生来跟进教学。这种引导大部分是通过提问题来实现的，或在话语结束后使用升调。在例（62）和（63）中，教师当时正在教词语使用结构。我们注意到在这两个例子中，教师就有关 fall 和 broke、there will be 等的用法提出很多让学生参与回答的问题。所有这些问题都是为了引出与上述几个词或结构有关的语法知识。这位教师的大多数问题都使用汉语。如果使用英语，怕学生缺乏足够的语法知识而不理解所讲的内容。

（62）T：There will be more buildings　　　　U1　F3
　　　　Fewer time and more buildings　　　　U1　F3
　　　　接可数名词的复数形式　　　　　　　　U2　F1
　　　　Ah, fewer time, more buildings　　　　U1　F4
　　　　OK, Let's go on<call a student>　　　U1　F5
　　　　Now, can you ?　　　　　　　　　　　U1　F2
　　　T：Translate 6, 6, 6　　　　　　　　　　U1　F5
　　　　Now, pay attention to fall, fall　　　　U1　F5
　　　　Now it's the verb　　　　　　　　　　U1　F3
　　　　动词是吧？　　　　　　　　　　　　　U2　F3
　　　　什么意思呢？　　　　　　　　　　　　U2　F2
　　　Ss：落下
　　　T：那么还有一个名词（…）　　　　　　　U2　F3
　　　　秋天，自己写上　　　　　　　　　　　U2　F5
　　　　Write down, 秋天　　　　　　　　　　U3　F5
　　　　作名词，作动词，啊，秋天　　　　　　U2　F1
　　　　看几个词组 <write them on the blackboard>　U2　F5
　　　　Fall asleep, fall asleep　　　　　　　　U1　F3
　　　　大家看看什么意思？　　　　　　　　　U2　F2

Fall asleep ?	U1	F4
Ss：[落下来睡觉		
T：落下来睡觉？] \<ask back to the students\>	U2	F2
啊？入睡，入睡，入睡	U2	F3
Fall asleep \<write on the blackboard\>	U1	F4
Fall ill	U1	F3
掉到病里面去了?	U2	F2
Ss：得病		
T：病倒，啊	U2	F1
Fall down, fall down	U1	F3
摔倒一边，掉下来了，啊，摔倒	U2	F1
Fall off, fall off	U1	F3
掉下来	U2	F1
从自行车上掉下来，掉下来，掉落	U2	F3
Now, for example	U1	F5
昨天他从车上掉下来了，摔断了腿	U2	F3
He fell off bike and broke his leg	U1	F1
Ss：[Broke his leg		
T：Broke his leg]	U1	F4
摔断了腿	U2	F4
10月份树叶就开始掉落了	U2	F1
10月份树叶就开始掉落了	U2	F4
树叶，leaves	U4	F1
这是复数啊，复数	U2	F1
树叶的复数，注意啊	U2	F5
Leaves，单数变复数	U4	F1
10月份树叶掉落了	U2	F4
是将要掉落，还是每年如此啊?	U2	F2
Ss：每年如此		

（63）T：你们会出现哪些错误呢？　　　　　　U2　F2

　　　　一个是把这个 be 换成什么呢？　　　　U4　F2

　　Ss：Have

　　T：Have　　　　　　　　　　　　　　　　U1　F4

　　　　这个 be 能不能换掉？　　　　　　　　U4　F2

　　Ss：不能

　　T：永远都是什么？　　　　　　　　　　　U2　F2

　　Ss：[Be

　　T：Be]　　　　　　　　　　　　　　　　 U1　F4

　　　　There will be　　　　　　　　　　　U1　F3

　　　　还有一个错误是干什么？　　　　　　　U2　F2

　　　　There will be（.）[Have　　　　　　U1　F3

　　Ss：Have]

　　T：后面加 have　　　　　　　　　　　　　U4　F3

　　　　要不要加 have 呢？　　　　　　　　　U4　F2

　　Ss：不要

　　T：因为 there will be 本身就是什么意思啊？ U4　F2

　　Ss：有

　　T：There will be 后面一定是加什么？　　　U4　F2

　　S：动词

　　T：动词啊？（(surprise)）　　　　　　　　U2　F2

　　Ss：名词

　　T：名词，东西或者是人，是吧？　　　　　U2　F2

　　　　加上名词，啊　　　　　　　　　　　　U2　F1

　　　　OK，这里要注意　　　　　　　　　　 U4　F5

　　　　Pollution，pollution，这个单词　　　U4　F5

　　　　污染，uncountable noun，不可数名词　U4　F1

　　　　好，再注意 more、less、fewer 这几个词 U4　F5

　　　　Less and fewer　　　　　　　　　　　U1　F2

　　S：Less 是接不可数名词

T：Yeah, fewer？ U1 F2

Ss：接可数名词

T：Good U1 F7

　　Now，中文翻成什么？ U4 F2

Ss：比较少

T：更少，更少的 U2 F1

　　OK, next U1 F5

　　一般将来时的肯定句，由主语加上 will，再加上动词原形

　　 U4 F1

　　一般疑问句呢？ U2 F2

Ss：[把 will

T：把 will] 提到前面来 U4 F1

教师都非常频繁地使用话语转换来引导学生回答问题。但话语转换中使用的话语单位有所差异。我们发现与 F1 功能相比，带有 F2 功能的话语转换 58.9% 发生在话语单位间，而 37.3% 是单位内话语转换，3.8% 是附加单位话语转换。这种对比显示出，教师使用更多的单位内话语转换来服务于 F1 功能，而使用更多的单位间话语转换来服务于 F2 功能。在不同的课堂上语言类型的分布有差异。我们还计算了用于 F2 功能的语言类型使用频率。我们发现，67.3% 用于 F2 功能的语言类型是英语或英语夹汉语，32.7% 则是汉语或汉语夹英语。这说明，教师倾向于使用更多的目标语英语来引导学生回答问题。

三　内容澄清

在英语教学过程中，为了强化语言知识，大学英语教师会频繁澄清他们在课堂上讲过的课文上的语言知识，实际上在复习刚讲的或之前讲过的内容。有时候，教师通过话语转换来讨论课文涉及的相关文化逸事，或者给学生解释相关内容，或者强调和确认相关的语言文化知识。教师会在课堂上转换语言不断重复所讲的内容。例如，当教师问一个短语是什么意思时，学生没有用英语回答问题，而是用汉语回答。然后，教师用汉语来澄

清内容。老师接着问另外一个短语的意思。学生回答问题后,教师又重复答案并关联到之前教过的短语。例(65)中,前面学生用汉语回答,教师继续用汉语重复这个短语,来确认学生的回答,并又转回到英语,后面在讲解的过程中对前面提到的短语用法进行澄清。见下面的例子:

(64) T: Yesterday evening U1 F3
　　　 Write sb a letter U1 F1
　　　 Or write to sb U1 F1
　　　 Two you should call him up U1 F3
　　　 Call sb up, call sb up U1 F1
　　　 给[我们打电话 U2 F1
　　Ss: 我们打电话]
　　 T: We can see you should ring him up U1 F3
　　　 Ring him up U1 F4
　　　 Ring sb up U1 F1
　　　 Ring sb up U1 F4
　　　 We can see call sb, call sb U1 F3
　　　 No. three U1 F5
　　　 You could say you are sorry U1 F3
　　　 你应该给他道歉 U2 F4
　　　 向他道歉 U2 F4
　　　 We have learned 'say sorry to sb' U1 F3
　　　 Say sorry to sb U1 F1
　　　 Now, means you should say sorry to him U1 F3
　　　 You should say sorry to him U1 F3
　　　 向某人说,向某人道歉 U2 F1
　　　 Now, 向某人道别 U4 F2
　　　 How to say? U1 F2
　　Ss:(xxx)

(65) T:	向某人道别	U2	F4
	Say goodbye to sb	U1	F3
	Now look at five	U1	F5
	You should give a ticket to a ball game	U1	F3
	Give sb sth	U1	F1
	Now, we can say 'give sth to sb'	U1	F3
	Give sth to sb	U1	F1
	We can say you could give a ticket to a ball game to him	U1	F3
	Underline a ticket to a ball game	U1	F5
	A ticket to a ball game (.)	U1	F4
	球赛票	U2	F4
	Now, we have learned '门钥匙'	U3	F3
	How to say 门钥匙?	U3	F2
Ss:	A door key		
T:	Now, 门钥匙	U4	F2
	We have learned it	U1	F5
	We have learned it in Unit one	U1	F5
	The answer to the problem	U1	F3
	Do you know?	U1	F2
	Do you Remember?	U1	F2
Ss:	Yes		
T:	我们在第一单元讲过吧	U2	F5
	不记得了?	U2	F5
	我们在第一单元讲过的呀	U2	F5
	Now, look at, look at 56	U1	F5

为了澄清误解，大学英语教师转换语言来进行解释。话语转换的这种功能在很多课堂上常见。当有必要澄清教学中的误解时，通常的情况是：学生回答教师的问题时出错，或学生误解了老师问的问题，教师通过话语

转换来纠正学生的错误。大多数情况下，汉语被用来澄清师生之间在教学过程中产生的误解。这些情况下一般是英语作为基本语言，即目标语言。例（66）是教师在词汇的讲解过程中，对单词的多义不断进行确认与澄清，以便让学生更好地造句使用。（67）是学生可能误解了教师的问题，造了一个错误的句子，然后教师用汉语引出一个问题之后进行澄清。

（66）T：Free, free, free, 这个单词　　　　U4　　F3
　　　　Who could tell me?　　　　　　　　U1　　F2
　　　　What's the meaning of 'free'?　　　U1　　F2
　　Ss：空闲
　　T：空闲　　　　　　　　　　　　　　　U2　　F4
　　　　还有什么意思?　　　　　　　　　　U2　　F2
　　Ss：空闲
　　T：空闲，还有呢?　　　　　　　　　　U2　　F2
　　Ss：免费
　　T：空闲、免费　　　　　　　　　　　　U2　　F4
　　　　Now, make sentence　　　　　　　 U1　　F5
　　　　先造句　　　　　　　　　　　　　　U2　　F5
　　　　用"空闲"来造句　　　　　　　　　 U2　　F5
　　　　Now, 杨敏　　　　　　　　　　　　U4　　F5
　　S：He is free tomorrow

（67）T：他两年后回来　　　　　　　　　　U2　　F4
　　S：He came back after two years
　　T：After two years　　　　　　　　　　U1　　F3
　　　　他两年后回来　　　　　　　　　　　U2　　F4
　　　　这个句子对不对呀?　　　　　　　　U2　　F2
　　　　Oh, sorry, you are wrong　　　　　 U1　　F7
　　　　Now, we can see　　　　　　　　　 U1　　F2
　　　　两年后应该说什么?　　　　　　　　U2　　F2

Two years（…）	U1	F2
Ss：Ago		
T：A，later	U1	F3
两年后回来了	U2	F3
我们这里应该怎么说？	U2	F2
After 后面应该接什么？	U4	F2
时间的，点钟	U2	F3
10点钟之后他回来了	U2	F2

为澄清所教的语言知识而使用的话语转换有1165例。基于F3功能而进行的话语转换，有28%是在话语单位内进行，66%是在话语单位间进行，只有6%是附加单位话语转换。为什么有那么多的话语转换基于F3功能？那是因为教师频繁地复习和澄清自己所教过的内容。20节课的话语单位中69%的F3功能话语转换是U1或U3语言类型，31%是U2或U4语言类型。这也表明，教师倾向于使用更多的目标语来澄清之前所说或所教过的内容。

四 举例重复

教师在讲解课文时常常会重复自己的话语，或对自己的话进行翻译。话语转换的重复或翻译功能是指，用两种语言表达相同的信息，用于澄清或强调，有时是重复相同的内容，有时是翻译前面的内容。有些重复可能是为了用不同的语言澄清所说的话，但是通常也会带有额外的意思，它们仅仅是为了增强或强调所说的信息。在课堂话语里，话语转换用于重复有时是为了澄清单词、短语或小句的意思，强调所说的英语内容，使学生更好地理解。教师通过话语转换重复话语，有时是为了强调已经用一种语言传达的内容，因为学生可能还不理解。他们在说出英语之后又转换话语进行翻译，重复相同的含义。重复可以是部分重复，也可以是全部重复，有时会有部分新信息。

（68）T：Not only...but also，不但 ［而且   U3   F1

Ss：而且］

T：中国时装不但不同于西方的时装，而且其他亚洲国家

	U2	F3
Asian countries such as Japan and Korea	U1	F3
The beautiful silk knot and other decorations on the Tang style clothes		
	U1	F3
唐装漂亮的丝绸纽扣和其他装饰物受到全世界人们的欢迎		
	U2	F4
Be popular，受到欢迎	U3	F1
And next	U1	F5
黄竹	U2	F5

Ss：唐装（xxx）

T：West style suit	U1	F3
西服，西装 means business suit	U3	F3
Yes, good	U1	F7
Sit down	U1	F5
Today Tang costume can be designed as	U1	F2
Be designed as	U1	F2

Ss：被

T：被设计成，yeah	U4	F4
Can be designed as 是含有情态动词的被动语态		
	U4	F1
被设计成 formal or casual clothes	U4	F3
Formal	U1	F2

Ss：正式的

T：正式的	U2	F4
Casual	U1	F2

Ss：（xxx）

T：And what is it？	U1	F2

Ss：cheongsam

T: It is a（…）	U1	F2
Ss: Cheongsam		
T: Cheongsam	U1	F4
It is a cheongsam	U1	F3
C-h-	U1	F3
Ss: E-o-n-g-s-a-m		
T: And the cheongsam is also called	U1	F2
Ss: 旗袍		
T: Yes，旗袍	U4	F4
And it is also called banner dress	U1	F3
T: 然后呢，give advice	U3	F5
给出建议	U2	F4
Now, look at	U1	F5
Look at these problems	U1	F5
Are these serious or not	U1	F5
Write the name in the appreciate box <read the sentence>		
	U1	F5
看这些问题	U2	F5
它们严重还是不严重？	U2	F5
你把它们写在适当的方框内	U2	F5
OK，there five problems	U1	F5
Write it in the box	U1	F5
把它们写在方框内，呵	U2	F5
Serious or not serious？	U1	F2
No. 1（xxx）	U1	F5

　　在上述例子中，教师在讲解一幅画，并提出相关问题。学生回答有困难时，教师用"It is a…"来引导学生。教师会重复学生的正确回答加以确认。教学中碰到类似的情形，教师一般会用类似的话语结构来进行引导教学。

大学英语教师也会不断用翻译法来重复自己刚刚说的话，进行词汇与语法的讲解。这种类型的话语转换一般出现在同一话轮或邻近话轮，目的是与学生的英语水平相适应。在大多数情况下，教师转换语言来重复之前所讲的内容或语法难点。下面例（69）中教师正在讲解课文中的短语和语法。她要求学生造句，写下她第一遍用英语说的，然后接下来用汉语重复她刚才所说的。这个老师在课堂里经常用这种方法翻译自己所说的，而且基本上不停顿就转换语言来重复自己所说的信息。

（69）T：他两年后回来　　　　　　　　U2　　F4

　　　Ss：He（xxx）

　　　T：After two years　　　　　　　 U1　　F3

　　　　他两年后回来了　　　　　　　U2　　F4

　　　Ss：(xxx)

　　　T：这个句子对不对呀？　　　　　U2　　F2

　　　　噢，sorry，you are wrong　　　U3　　F7

　　　　Now，we can see　　　　　　 U1　　F2

　　　　两年后应该说什么？　　　　　U2　　F2

　　　　Two years（…）　　　　　　　U1　　F2

　　　Ss：Ago

　　　T：A，Later　　　　　　　　　　U1　　F3

　　　　两年后回来了　　　　　　　　U2　　F3

　　　　我们这里应该怎么说？　　　　U2　　F2

大学英语教师的话语转换很多时候是为了顺应学生的理解。顺应是一种表达并获取与对话者等同的方式（Giles et al.，1991）。我们注意到，教师为了顺应学生，通过话语转换使用了更多的汉语。她转换语言是为了回答学生的问题。顺应是指一系列复杂的语境过程，即说话者在这些过程中可能选择不同的语言和方式以便与参与者的身份等同。说话者对听者不断调节自己的说话方式，来了解听者的认知和意愿。教师对自己的信息的重复，是对学生的语言程度的顺应，在学生没有明显的误解的情况下，教师进行话语转换以顺应学生对内容的理解。

（70）T：Of course, they the two persons travel to the（…）

                  U1 F3

    They, they want to travel the centre of the Earth

                  U1 F3

    被火山怎么了？   U2 F2

    给喷出来了，喷出来了   U2 F3

    Shot out of（…）   U1 F3

（71）T：Now at last, of course, they sail in the sea on the ship

                  U1 F3

    他们坐着船探险   U2 F3

    But unluckily they are thrown overboard U1 F3

    They are thrown overboard   U1 F3

    And then they stood where？   U1 F2

    Please write it on your exercise book U1 F5

    把它写在练习本上   U2 F4

    Write a passage about cheongsam   U1 F5

    写一篇关于旗袍的短文   U2 F4

    No. two, listen to the page on section six U1 F5

    Yeah, 听 section six 的录音   U4 F5

  在用于举例重复或翻译（F4）的话语转换中，只有3%的单位内话语转换和6%的附加单位话语转换，而91%都是单位间话语转换。

  我们发现，20节课的F4功能的话语转换中，69%的话语单位都是英语（U1）或英语夹汉语（U3）语言类型，而31%的话语单位是汉语（U2）或汉语夹英语（U4）语言类型。可见，大学英语教师倾向于使用更多的英语来重复自己所说和所教的内容。访谈关注教师如何看待英语课堂的话语转换情况，以及什么时候和为什么使用话语转换。访谈结果支持对有关围绕课文或主题内容的话语转换功能的定性分析。许多研究表明，教师使用话语转换在围绕课文进行分析、讨论等方面起重要作用。此时话语转换能帮助学生明白语篇含义，因为学生对这些语篇的理解非常有限。Martin（1999）也提供了一个很好的例子，说明话语转换在课堂中对语篇含义的双语协调上具有重要作用。

Myers-Scotton 的标记性模式理论（1988，1993b）可以用来解释话语转换的变异性。她区别连续无标记性话语转换、无标记性选择的话语转换、标记性选择的话语转换和解释性话语转换。在连续无标记性话语转换里，当一个或多个情境因素（场景、话题或参与者等）在交际过程中发生变化，无标记的权利（Rights）与义务（Obligations）也可能发生变化，如果要想指明新的无标记的权利与义务场景，说话者就会转换语言。当话语转换是一种无标记性选择，那么在同一会话中说两种语言就是双语/多语社区说话者的常规。标记性选择的话语转换是指，说话者对所期望的权利和义务场景认同不一致，就是说，通过转换语言，他/她希望建立一种新的权利与义务场景作为无标记的场景来针对目前的交流。这些变化导致他/她与其他参与者的社会距离拉大或缩小。最后，解释性话语转换是指，当说话者不确定在既定的交际中该使用哪种语言时，他们可以使用话语转换。这种情况的发生不常见，因为在大多数情况下，说话者不必判断哪种语言是无标记的。如果出现这种情况，可能是因为说话者不确定交际者的语言技巧和偏好。

我们认为，英语课堂的无标记性语言是英语，为了达到某种目的而偏离英语的其他形式或语言都是标记性的，都具有一定的交际目的。标记性语言选择包括那些老师用来在课文讲解中协调意义的话语。也就是说，话语转换在英语课堂里是标记性选择，可以看作一种协商（意义或形式），为了完成教育或学术任务，并且可以作为达到教学目标的一种策略。

从英语课堂里的话语转换来看，我们把意义和形式的协调看成是等价的。话语转换就是在英语教学互动交际的过程中产生的意义协商和形式协商。教师频繁使用话语转换，就是为了重塑、引导、澄清或重复他们所教的内容。意义通过话语转换的各种不同形式被重塑、澄清、引导和重复，教师以此来进行教学检查。下面例（72）是关于课文里语法和词汇结构的学习。

(72) T: To be, to be U1 F3
　　　Sentence 3. useless U1 F3
　　　将更少地用，将更少地使用 U2 F1
　　　OK, now, grammar, grammar U1 F5
　　　看到语法复习一下 U2 F5
　　　掌握一般将来时的肯定句、疑问句和否定句啊
　　　 U2 F3
　　　一般将来时肯定句，will 加动词原形 U4 F1
　　　一般疑问句呢？ U2 F2
　　Ss: [把 will
　　T: 把 will] 提到前面来 U4 F1
　　　它的回答？ U2 F2
　　　肯定和否定回答？ U2 F2
　　Ss: [Yes
　　T: Yes] 什么？ U4 F2
　　　什么 will？ U4 F2
　　　跟主语保持一致 U2 F1
　　　否定句呢？ U2 F2
　　Ss: No
　　T: 否定句，不是否定回答 U2 F3
　　　Will 的否定句是在 Will 后面加？ U4 F2
　　S: [Not
　　T: Not]，也就是 will not 缩写成？ U4 F2
　　Ss: [Won't
　　T: Won't] U1 F4
　　　OK，let's go on U1 F5
　　　再区分一下 fewer 和 less U4 F5
　　　Now, OK, page 4, page 4 U1 F5
　　　在高中怎么说？ U2 F2

In high school, in high school	U1	F1
在大学呢？	U2	F2
Ss：[In college		
T：In college], in college	U1	F4
看这里吧	U2	F5
比较一下过去时、完成时	U2	F5
过去时后面一定要有个什么时间？	U2	F2
Ss：(…)		
T：有个什么时间？	U2	F4
过去时间	U2	F3
那么完成时呢？	U2	F2
Ss：For		
T：For 接持续的时间	U4	F3
OK, let's go on	U1	F5

教师在这里讲解练习题并复习相关词汇和语法时态，通过话语转换来澄清学生在时态上可能容易犯的错误，引导学生回忆并回答时态如何使用。她纠正学生的答案来确认正确的答案，然后进一步引出不同时态的对比，学生提供了相应回答。在例子里，学生正确回答问题后，教师使用话语转换来重复和确认学生的回答，并澄清正确的语法时态及时间词汇的使用等内容。通过话语转换进行澄清、引导和重复，引出语法的正确使用，这样，学生就能更有效地理解不同时态及其用法。

第二节 话语转换围绕课堂管理

围绕课堂管理（F5）的话语转换指的是，那些用于维持课堂纪律、训诫学生、进行教学活动安排等而发生任务和场景变化的话语转换。课堂管理性话语通常用于课堂作业布置及课堂任务指示等。话语转换可看作进行课堂话语管理的一种资源和策略。话语转换表明交际的场景发生改变（偏离课文内容而关注课外）。话语转换可能作为一种语境，比如训诫学生、招呼后到班级的学生、让学生集中注意力等。话语转换也可能是关于课文内容的讨论与课堂教学安排，如教学任务的协调，邀请学生参与交际和活动，指定特定的学生等。不同的课堂与不同的教师之间在功能 F5 方面在有较大差异。不同教师使用不同的话语转换来进行课堂管理，不同类型话语转换使用的频率有所区别。20 堂课中课堂管理类话语转换有 538 例，其中 18% 是单位内话语转换，71% 是单位间话语转换，11% 是附加单位话语转换。这表明，教师在管理课堂时使用单位间话语转换比其他两种类型要多得多。课堂管理类话语转换的语言类型中，69% 是英语（U1）或英语夹汉语（U3），31% 是汉语（U2）或汉语夹英语（U4）。教师倾向于使用更多目标语来进行课堂管理，即课堂管理的语言大部分是英语。下面的例子是从两名教师的课堂上摘录的。

（73） T： Be quick, please　　　　　　　　　　　U1　　F5
　　　　　　Ready? Let's begin　　　　　　　　　U1　　F5
　　　　　　Now, close your books　　　　　　　　U1　　F5
　　　　　　OK. That's all for the dictation　　　U1　　F5
　　　　　　好了，组长去把它收上来　　　　　　　U2　　F5
　　　　　　By the seaside　　　　　　　　　　　　U1　　F3
　　　　　　OK，大家要注意啊　　　　　　　　　　U4　　F5
　　　　T： Now take out this paper　　　　　　　U1　　F5
　　　　　　Last time, we have left sth　　　　　U1　　F5
　　　　　　Now take brain　　　　　　　　　　　　U1　　F5
　　　　　　拿出来翻到阅读理解部分　　　　　　　U2　　F5
　　　　　　"温泉"怎么写？　　　　　　　　　　　U2　　F2
　　　　S： Hot spring
　　　　T： Hot springs　　　　　　　　　　　　　　U1　　F4
　　　　　　Spring 要加 s　　　　　　　　　　　　U4　　F3
　　　　　　还有一个哈，"在海边"用哪个？　　　U2　　F2
　　　　S： By the seaside
　　　　T： By the seaside　　　　　　　　　　　　U1　　F4

OK, 大家要注意啊	U4	F5

(74) T： Look at the reading comprehension   U1   F5
　　　我们看到阅读理解　　　　　　　　　　U2　 F5
　　　对于你所知道的进行选择 <the bell rang>　U2　 F5
　　　Now, today we learned the cheongsam and Tang costume
　　　　　　　　　　　　　　　　　　　　　U1　 F3
　　　Now today's exercises No. one written work
　　　　　　　　　　　　　　　　　　　　　U1　 F5
　　　Four B but please write it on your exercise book
　　　　　　　　　　　　　　　　　　　　　U1　 F5
　　　把它写在练习本上　　　　　　　　　　U2　 F5
　　　Write a passage about cheongsam　　　　U1　 F5
　　　写一篇关于旗袍的短文　　　　　　　　U2　 F4
　　　No. two, listen to the page on section six　U1　 F5
　　　Yeah, 听 section six 的录音　　　　　　U4　 F5
　　　And read after the tape, 跟读　　　　　 U3　 F5
　　　No. three translate part one　　　　　　U1　 F5
　　　Translate part one　　　　　　　　　　U1　 F5
　　　Last one, 练习册, 阅读训练　　　　　　U4　 F5
　　　Now, that's all for today　　　　　　　 U1　 F5
　　Ss： Thank you

　　大学英语教师使用英语进行课堂管理，这是英语教学的必然要求，过度使用话语转换也可能是为了更好地适应目标语的教学要求，但也容易导致与教学目标相差较远。一些老师可能没有意识到自己在教学中使用了话语转换，个别受访谈的老师证实，自己转换语言安排教学任务，是为了确保每个学生知晓教学的进展情况与要求。当被问到用什么语言来安排和招呼考试、听写和布置作业时，教师基本上是一致的回答：开始时使用英语，然后再用汉语强调，如具体的作业任务要求、时间要求等。例（75）说明教师是如何通过话语转换进行与课堂管理相关的任务协调的。

（75）T：Now, please, please. Ah, practice like this　　U1　　F5

像这样的我们要经常练一下啊　　U2　　F5

那么这些问题有 1, 2, 3, 4, 5　　U2　　F5

啊，练一下, practice　　U4　　F5

Ss：<practice for a while>

T：OK, now, OK, stop　　U1　　F5

Now, please, please, please, ah, you ask I answer

　　U1　　F5

你来问，我来答　　U2　　F4

第一个 What's wrong？　　U4　　F5

S：What's wrong？

T：嗯？大点声音呐　　U2　　F5

Ss：What's wrong？

T：My parents want me to stay at home every night

　　U1　　F3

Ss：Maybe you should（xxx）<with different answers>

T：Let me see　　U1　　F3

Whose advice is the best　　U1　　F2

啊，看谁最好啊，啊　　U2　　F4

我很苦恼啊　　U2　　F3

谁来给我建议啊？张辉　　U2　　F2

S：Maybe you should, should watch TV

Ss：((laugh))

教师进行话语转换一定是有其教学目的的，如为了完成某个教学环节或教学任务，教师不断通过话语转换来协调。例如：

（76）T：啊，你的建议都是什么啊？　　U2　　F2

让我打发时间	U2	F3
Maybe I should talk with my parents	U1	F3
很好很好地谈一下	U2	F3
Let me go out twice a week or once a week, three times, yes or no?	U1	F2
好好谈一谈，好	U2	F5
Next, ask me	U1	F5

Ss: What's wrong?

T: My friend plays CD loud　　　　　　　U1　F3

Ss: (xxx)

T: 怎么回答？　　　　　　　　　　　　　U2　F2

　　Now, 我兄弟把CD开得太吵了　　　　　U4　F4

　　怎么办呢？　　　　　　　　　　　　　U2　F2

　　What should I do?　　　　　　　　　　U1　F2

　　What should I do?　　　　　　　　　　U1　F4

S: You should fight, you should fight with him

Ss: ((laugh))

T: 粗鲁，太粗鲁了啊！　　　　　　　　　U2　F7

　　Eh, not, not, eh, this is not a good piece of advice

　　　　　　　　　　　　　　　　　　　　U1　F3

　　好建议还是不好的建议呢？　　　　　　U2　F2

Ss: 不好，不好

第三节　话语转换围绕协调人际关系

英语课堂可以看作微型的言语社区，是一个较正式的机构化学习场地，具有一定的社会属性，包括很多社会关系和情感关系，是师生可以不断协调关系和身份的地方。英语课堂上，教师进行话语转换有时是为了使教学过程更人性化，为了构建与学生的关系，创造一个更温暖的氛围，鼓励更多学生参与课堂活动。根据教学语境，教师可能通过话语转换把情感融入学习内容，增加与学生的交流。我们把那些表达幽默以及用于表扬和评价等的话语转换归为平衡和协调师生之间人际关系的话语，它们带有一定的交际功能。

教师表达幽默的话语源于他们和学生有共同的汉语背景。话语转换后会出现不少笑声，那么这些话语被看作幽默话语。笑声表明师生之间具有同理心，这是建立课堂和谐活跃气氛的好方法。例（77）反映出教师使用话语转换是为了实现上述人际功能。在此前有两个学生根据句型操练对话。一个学生对问题"What's wrong？"给出了一个不合逻辑的回答，教师这时转换到汉语开了一个玩笑，学生都察觉到其中的不合理而发出笑声。教师用汉语，是因为她认为学生的回答在逻辑上有问题，但其他人未必能像听懂汉语一样听懂每一句英语。如果老师用英语开玩笑，那么学生不会立即意识到其中的错误，可能因为不理解而不会觉得她的话语有什么幽默感。教师此处的话语转换可以被解释成以传达幽默的方法对学生给出的错误建议予以直接反馈。

（77）T：A toothache（xxx）   U1   F3
   牙痛买衣服   U2   F6
  Ss：((laugh))
  T：What should you do？   U1   F2
   你该怎么办？   U2   F4
   Please turn to page 10   U1   F5
   第二单元，第10页   U2   F5
   如果，if you have a problem   U3   F2
   问题，啊，碰到问题应该怎么办？   U2   F2
   并不是生病了啊   U2   F3
   Not ill, please look at 1A   U1   F5
   Look at the problem, problem   U1   F5
   Problem 和 question <write down the two words on the blackboard>

	U3　F3
第二个词，都是问题，是吧？	U2　F2
有什么区分吗？	U2　F2

上例是师生互动，其间教师通过话语转换引发学生的笑声。这种话语转换与交际参与者相关，因为教师话语转换时考虑到学生的理解力和能力水平。教师通过话语转换选择合适的语言来达到教学目的，是考虑到学生的语言能力，确保每个学生都能理解教师的话语意图。教师解释课文时，中间可能不时插入幽默笑话，传达出与学生一定的人际趋同。例如：

（78）T：不安？	U2　F4
Honored 是荣幸的意思	U4　F1
是我感到荣幸（(laugh))	U2　F6
好，我们再看最后一句	U2　F5
Yeah, but I immediately accepted it	U1　F3
Accept，接受（(smile))	U3　F6
虽然我感到一点不适应，但我还是立刻就接受了	
	U2　F3
I accepted	U1　F3
所以他们就成了女孩的 grandfather and grandmother	
	U4　F3
So much for the listening part	U1　F5
我本来要叫同学起来复述这个故事的	U2　F5
可能有一点点难	U2　F5
OK, now, so much for the listening part	U1　F5
Tomorrow we will go to the speaking and pre-reading	
	U1　F5
Now, look at the speaking part	U1　F5
They're with a dialogue	U1　F5
这是一个对话	U2　F5

是一个记者和一个喜剧演员之间的对话，对不对？	U2	F5
OK，now let's read it	U1	F5
A journalist is interviewing a comedian about his new show	U1	F3
这句话什么意思啊？	U2	F2

为了表扬、评价或鼓励学生，大学英语教师也会转换语言缓和师生间较正式的人际关系。上面讨论过的话语标记语 good，及其他标记语如 very good、right、that's right、"好"、"非常好"、"对"、"很好"，都是对学生的肯定，表达一定的非正式人际关系。

（79）T：Call him up，call somebody up	U1	F4
OK，王森	U4	F5
S：You should listen to music		
T：Ah，listen to music	U1	F4
Yeah，OK，very good	U1	F7
很好的建议	U2	F7

例（79）中，教师用英语对学生的回答进行肯定和表扬后，又通过话语转换用汉语再次予以肯定和表扬。又如：

（80）T：看起来表面上这个 box 是什么意思？	U4	F2
Ss：(xxx)		
T：Thinking out of box，OK	U1	F4
Yes，very good	U1	F7
举个例子来说，OK，举个例子来说	U4	F5
我们来看一件事情往往有一个定式	U2	F3
所以要突破这个框框	U2	F3

（81）T：So we should limit the speed to sixty kilometers [per hour
　　　　　　　　　　　　　　　　　　　　　　　　　U1　　F3
　　　Ss：Per hour]
　　　T：Yes, very good　　　　　　　　　　　　　U1　　F7
　　　　　Limit something to sth, right　　　　　　U1　　F3
　　　　　我们不应该把我们的思想控制在一个框框内
　　　　　　　　　　　　　　　　　　　　　　　　　U2　　F3

有时候，教师为了肯定学生的回答而转换语言，然后再转换语言来问问题。

（82）Ss：Serious（…）足够的
　　　T：OK，这是他的观点吧　　　　　　　　　　U4　　F3
　　　　　这是观点有所不同吧　　　　　　　　　　U2　　F3
　　　　　好，我们来看这句　　　　　　　　　　　U2　　F5
　　　　　My parents want us to stay at home day and night
　　　　　　　　　　　　　　　　　　　　　　　　　U1　　F3
　　　　　父母要求，想要我们每天晚上怎么样啊？　U2　　F2
　　　Ss：待在家里

教师使用话语转换有时是为了鼓励学生、缓和人际关系，并提示学生来回答问题。在例（83）中，学生回答问题后，教师非常欣赏，连用几个very good 表扬，然后用汉语来引导学生发挥想象力和创造力，鼓励其他学生也尝试一下。最后一行话语表明教师对学生的表现都比较满意。

（83）T：What's that？　　　　　　　　　　　　　U1　　F2
　　　S：I
　　　T：I, yes very good, very very good　　　　　U1　　F7
　　　　　OK, No. two　　　　　　　　　　　　　U1　　F5
　　　　　看看大家有没有创造力和想象力啊　　　　U2　　F5

So we should use our imagination	U1	F3
不是要直来直去的	U2	F3
直来直去没有用	U2	F3
有点脑筋急转弯的味道	U2	F3
OK, No. two	U1	F5
(xxx)	U1	F3
OK, what's that?	U1	F2
What's that?	U1	F4
Have you come up with the idea	U1	F2
Very good	U1	F7

(84) T: 我们之间友谊的什么啊？　　　　U2　F2
　　　S: 纽带
　　　T: Yes, very good　　　　　　　　U1　F7
　　　　　Now, the game ended in the tie　U1　F3
　　　Ss: <discussion>
　　　T: 打成了什么？　　　　　　　　　U2　F2
　　　　　打成了平局　　　　　　　　　　U2　F3
　　　　　他有这么个含义，打成了平局　　U2　F3
　　　　　Now, tie to, OK? Tie to　　　　U1　F5
　　　　　Now, next one. Discovery, discover　U1　F5
　　　　　Garden, here garden, garden here is used as a verb, as a verb
　　　　　　　　　　　　　　　　　　　　U1　F1
　　　　　从事什么？园林工作，培，栽培花草　U2　F3
　　　　　那么 gardening 意思是什么？名词　U4　F2
　　　　　园林工作，园艺学，是吧？　　　U2　F3
　　　　　Gardening is a science.　　　　U1　F3
　　　　　Now, gardening a very important science, now
　　　　　　　　　　　　　　　　　　　　U1　F3

大学英语教师一般不惩罚学生，不管是用英语还是汉语。并不是所有教师的话语转换都可以拉近学生和老师之间的社会和情感距离。教师对学生的训诫和劝导一般是缓和的，即使学生有什么差错和不足，也是偶尔进行批评和指导，彼此之间没有非常大的利益关系，人际关系比较融洽。一般教师上完课就离开教室甚至学校，课后与学生联系不多，基本通过网络进行联系，直接的冲突和矛盾很少。表现在课堂话语上，即训诫性话语很少，相关话语转换的例子就少。

语言认知会影响师生的话语行为。教师对话语转换的认知对他们在课堂上语言的使用有很大影响。前面基于大学英语教师对双语行为的认知，我们讨论分析了话语转换的不同功能。教师对在英语课堂上使用话语转换有相似的积极态度。

英语课堂的无标记性语言是英语。教师作为课堂活动的组织者原则上应使用英语作为教学语言，任何话语转换都被认为是标记性选择。本研究中大学英语教师使用话语转换来完成其教学目标。英语课堂上的话语转换可以表明师生不同地位和角色的转换。我们认为，在英语课堂里就像在其他言语社区里一样，教师有权力决定谁来问和谁来回答问题，学生说什么、什么时候说以及怎么说等。话语转换有时意味着师生交际地位的改变。教师有时使用话语转换是为了拉近师生之间的社会距离，缓和人际关系，以使其教学任务完成。Cazden（2001）认为，IRF课堂话语结构能让教师控制课堂话语以及使用它们的目的。从课堂话语的数量分布可以看出，师生话语量分布极不平衡。教师主导的课堂表明，教师有更多的权力为了达到其教学目标来控制语言使用。英语课堂上的话语转换有时表明师生之间的某种关系，比如是机构性的还是社会性的。话语转换可以用来协调师生关系和身份。

大学英语教师使用话语转换，一般都有意向性或目的性。话语转换在课堂教学的不同任务中有不同的功能，如教授语法、讲解课文、做练习和核对答案、讨论问题与玩游戏等。教师最常用到的话语转换功能是与课文语境相关的，因为课堂上大多数时间师生之间围绕教材的课文内容进行互动。教师可能觉得接下来的内容非常重要，因此使用话语转换以保证信息传达的完整。由于师生都具有双重身份，一方面是课堂上的师生关系，另一方面又是课后的社会关系，因此师生共用汉语作为交际的桥梁。教师通过话语转换表明身份的变化和汉语的桥梁作用。话语转换后使用相关的汉语词语、短语和句子等,可能是为了吸引学生的注意力。有时候一个明确的英语单词可能找不到对应的汉语词,因为不同文化的教育体系不同,一些表达在目标语中不容易理解。有些教师使用话语转换就是为了解决这类问题。话语转换的频率在学术背景下比较高,而且大多数话语也可以被预料到。这样,学生也很容易学会相关内容。例如,教师也确实认为学生知道目标课文中的某些词和短语,她还是会转换话语,可能是怕学生没有听到单词或短语而失去从上下文推断相关信息含义并用目标语处理信息的机会。另外,当学生不能准确理解教师所说的话,同时认为教师说的内容可能重要,他就极有可能要求教师予以澄清,并进行真正的目标语交流。

教师进行话语转换的理由可能是,他认为学生的语言能力和交际水平有限。为了确保每个学生特别是能力弱的学生对他所讲的内容能够理解,或者教师需要检查学生是否真正理解课文以及词汇和短语,才使用话语转换。这种情况可以理解,因为教师的职责就是教学生,而且教学的目的就是让每个学生了解课文内容并能够听懂课堂内容。教师的话语转换有时候会收到出人意料的效果,如训诫和劝导学生、维持课堂纪律等。如果话语转换对学生来说出乎意料,那么他们就知道一定有非常严肃的事,学生才会集中精力注意教师所讲的内容和要求。

教师的话语转换涉及语言的变化方向,如为了教学任务的需要从英语转到汉语,或从汉语转到英语。不同方向的话语转换与教学任务相关。如果是从英语转换到汉语,通常是教师讲解英语词汇和语法比较多。上面的例子也表明,不同方向的话语转换有很大差别。上课开始阶段,教师的大部分语言都是目标语,进入课中阶段,由于教学进度的推进与课堂交际(比如讨论)的进行,与课文和听力理解有关的教学任务开展,教师一般会根据内容的难易度来适时进行话语转换,不同语言之间的转换就逐渐增多。当从课堂的一个片段过渡到另一个片段,教师使用话语转换是一个有效分别不同教学任务的方法。一般情况是,教师选择使用英语是为了某些课堂任务(如讨论或讲解课文),而话语转换后使用汉语是为了其他教学任务,包括教授语法和准备单词测验等。因此,当语言发生转换时,学生也能预料到上课的某些教学任务与要求会发生变化。

词汇与语法教学是英语课堂教学的重要任务与目标。本章已经表明，教师比较频繁地使用话语转换，大多是为了解释与课文相关的词汇和语法知识。在解释语法知识点方面，话语转换使用母语（汉语）比英语多。在其他时间，话语转换可能发挥社会性或教育性等功能。

大学英语教师教授语法和词汇时使用话语转换，这可能缘于英语和汉语在功能上的巨大差异。从访谈和课堂观摩情况来看，有的教师在课堂上讲授语法大部分用汉语，这样可以使学生对所学的内容理解得更好。也有教师说，有时课文的语法结构比较复杂，用英语来解释语法有一定的困难。这可能是因为很多学生不了解相关术语。

英语课堂上有时需要学生集中注意力到具体的教学任务上来，因此教师的话语转换也经常出现。这时教师可能在进行教学任务的转换。学生也知道他们必须注意教师的话语，因为英语不是他们的强势语言。

大学英语教师认为，在课堂教学管理中使用话语转换的教学策略非常有效，且有助于维持课堂秩序。教师通过话语转换进行课堂管理非常必要。许多课堂管理指令可以经常出现和使用，并可以根据前后语境来理解。这些课堂管理指令与相关讨论通常代表最真实和自然的课堂交际。

研究也发现，课堂上的话语转换也经常用于非正式的师生交流，主要体现在师生互动中，如教师对个别学生表示关注和关心，表达人际关怀，展示幽默，进行评价与表扬等。在课堂纪律维持中，教师也适时提醒学生并关注学生对教学内容的反应等。所有话语转换都传达了师生之间的某种社会身份与人际关系。话语转换是一种非常有效的表达身份的方式，因为师生共用汉语，学生不可能不明白教师的意思。在非正式的师生交流中，汉语是一种教师与学生拉近关系的亲近语言。这类话语转换能表达一种更亲近、更熟悉的关系。而使用英语主要是根据英语课堂的要求来进行交际，师生之间的关系变得正式而疏远。因此，话语转换可用来表达一种社会身份的等同关系，也可以用来创造一种舒适而快乐的课堂气氛，教师认为通过话语转换来处理关系非常重要。当学生感知到教师的话语转换时，他们对词汇和语法的理解或对教学任务的完成具有充分的信心，这有助于学生同教师建立一种和谐的社会关系，即语言学习同伴。在课堂言语社区的环境里，师生的身份角色是随着语言的变化而不断变化的。

就话语转换的功能而言，本研究的发现与其他研究的发现有一些相似性。其他研究讨论过的话语转换功能和类型也在本研究的语料中出现。比如 Gumperz 区分的许多话语转换功能也可以在本研究的语料中找到。所有参与研究的大学英语教师都是因为某种教学目标而转换语言。他们转换语言来进行特定的指示、引导、重复翻译、课堂管理、身份与人际协调等。比如特定的指示，可以是叫特定学生来回答问题，也可以是让学生完成某项特定的教学任务。大学英语教师也转换语言来表达感叹。我们没有把这类话语转换功能像其他功能类别一样来单独分类，因为这些感叹大多依附于其他主要话语单位。依据我们对教师在语言使用上的偏好的研究，似乎这类感叹不一定是话语转换的必要理由。教师表达感叹，更愿意使用英语而不是母语汉语。

Gumperz 的信息限制功能指主要内容用一种语言，而对之解释或阐述细节则用另一种语言。我们把这种话语转换归入 F4 举例重复功能。教师的话语转换体现了相关教学信息在内，强调主要内容时用一种语言，而对之解释或阐述细节则用另一种语言。而 Gumperz 提出的个性化和客观化功能，与话语内容、话语行为、说话者参与程度，以及话语陈述是否反映了个人的观点或客观性知识，话语是否特指某些具体事例，已知事实的权威性如何等相关。类似这些情况下话语转换用来表明师生之间的人际关系。我们把这类话语转换的使用都归入话语的人际功能，教师会转换语言来使他们的话语更加人性化。

与 Polio 和 Duff 研究的课堂话语转换的功能相比，我们把大学英语教师的课堂话语转换区分为八类不同的话语功能。这种分类与其他研究的分类有所不同。首先，他们的研究对象是英语为本族语的说话者，而我们的研究参与者大学英语教师是英语为非本族语的说话者。其次，他们的研究场景是大学第二学期的外语课堂，我们的研究场景是大学英语一年级两个学期的课堂。最后，他们没有比较话语功能出现的频率。但是，他们研究的话语转换功能与我们研究的话语转换功能有相似的地方。这种研究的相似性产生了不少共同的结论，表明教师在语言选择上有一定的共性。

研究发现，大学英语教师使用话语转换有时是为了不同的课堂活动。这些活动的例子在我们的课堂上比比皆是。这也表明，在中国对英语和汉语的限制使用并没有像 Canagarajah（1996）所研究的地方那样有明确的规定。我们的研究发现，大学英语教师经常使用话语转换来管理课堂，包括引起学生的注意。在这些英语课堂上，英语是正式语言，而汉语是非正式语言；使用英语具有教育功能，而使用母语（汉语）具有社会功能。Merritt（1992）的研究是在二语环境下进行的，与英语作为外语的课堂环境有很多相似之处，但话语转换的情况还是有一定差别。

  本研究认为，教师的话语转换只要不滥用，并不会被禁止，也不是不好的教学行为。教师也允许学生使用话语转换，但并不在口头上表明学生一定要在某些情况下使用英语或者汉语。教师有时候向学生演示，在一些情况下只说英语。这可以从教师用英语回应学生的问题，或他们很快会自己回到说英语的情况看出，他们转换话语是由于学生词汇贫乏或学生进行了话语转换。本研究中，教师从英语到汉语比从汉语到英语的话语转换要常见得多。这说明英语是课堂上的无标记性语言，是课堂教学的主要语言选择，师生在教学活动中主要使用英语，而使用汉语都是为了达到一定的教学目的，如促进课堂交际的实施（请求帮助等），完成相关练习活动与其他教学活动。总之，汉语与英语在国内大多数英语课堂里是相伴出现的，两种语言都有自己的课堂教学功能，尽管有些功能有重叠的情况。

  话语转换通常是有意识的选择，通过话语转换，教师能帮助学生理解他们不懂的内容。然而，有些情况下教师的话语转换并不是计划好的，可以看作无意的使用，或由于学生使用话语转换。在正常的英语课堂上，按要求教师应一直用英语，有时候学生出于某种需要而使用了汉语，教师也会通过话语转换使用汉语，这种情况不常见，是一种短暂性变通，教师很快就转换到目标语英语上。保持说英语的行为表明，大学英语教师是为了特定的教学任务而选择语言。教师的语言选择一般是有意识的。

  非必要不使用话语转换，可以作为一条原则。因为使用过多的话语转换进行英语课堂教学，学生会错失很多机会处理交际性目标语输入，失去实践目标语的机会，也失去通过目标语理解课堂内容的机会。为此，我们有两个建议。一是在课堂上一开始就用目标语教授词汇和语法，虽然进度可能会有影响，但过程可能会使学生充分地了解英语的词汇和语法特征。同时，为学生提供能够用汉语阅读的补充性词汇和语法材料。这点建议意在帮助大学英语教师改变他们的语言选择和语言使用方式，使教学顺序有个轻重缓急，重新审视这些轻重缓急的内容也是值得考虑的。二是扩大目标语呈现和练习的机会，包括改革教学方法、教学材料和教学大纲。在英语课堂上有意识地更多使用目标语英语，同时在短暂时间内提供更多的补充材料。

教师使用话语转换都有一定的教育功能和交际目的。本章主要区别和分析了大学英语课堂中教师使用话语转换的各种话语功能，包括：围绕课文或主题内容的话语转换；围绕课堂管理的话语转换；围绕协调人际关系的话语转换。此外，将本研究的分类与其他研究者的相关研究做了比较。不同课堂和不同教师的话语转换功能分布也有差异。

英语课堂的无标记性语言是英语，而话语转换被看作教师为了实现某一教学目的或教学任务而进行的有标记性选择。话语转换偏离了正常语言教学的规约，具有一定的教学功能和交际功能。大学英语教师在英语课堂上转换语言，有时表明师生之间的社会地位和角色的转换，他们的关系和身份也在不断变化。英语课堂上的话语转换可以看作一种有效的教学策略与资源。

第八章 结论

本书研究英语课堂上话语转换的语言选择与使用模式等，并试图探索英语课堂中的话语转换机制。为了达到这个目的，我们考察了大学英语教师对话语转换的认知，重点讨论话语转换的结构和功能，教师话语转换的话语分布与使用情况等。话语转换作为英语课堂上的一种交际策略和交际资源，会影响教师的语言选择。当地语言政策、学校规定、教学管理与要求、教学传统与规约和一些社会变量等其他因素也会影响英语课堂上教师的语言使用。

本书对大学英语教师在课堂上使用话语转换的原因提出了一些可能的解释。英语课堂中的语言变化受到社会因素和个人因素的影响。本研究针对师生对话语转换的认知进行了问卷调查。大部分教师对在英语课堂上使用话语转换给予积极的反馈，持肯定态度。

研究结果表明，所有大学英语教师都在他们的英语课堂上或多或少使用过话语转换，但是使用上存在诸多差异。其一，每节课上教师使用话语转换的频率和比例是不同的。一些教师在某些教学任务上比其他人更频繁地使用话语转换。其二，不同教师和不同课堂上使用话语转换的功能和频率分布是不一样的。其三，教师的话语转换发生在不同的教学任务或者课程的不同环节部分，例如，词汇和语法教学、会话练习、小组讨论等。话语转换的不同用法，可能一方面受教师对话语转换认知的影响，另一方面与教师的教学理念和教育培训相关。话语转换也会受到一些社会变量的影响。

首先，本研究对社会语言学的发展、外语课堂话语分析以及外语教育有重要意义。英语课堂可以视为一个发展中的微型言语社区，可以作为社会语言学研究和课堂话语研究的中心。不论教师和学生双语水平的高低，中学、高中和大学英语课堂都是双语社区。英语课堂中的话语转换模式和系统变异表明，英语课堂是规范和标准的言语社区，与其他成熟的言语社区相似。英语课堂中的话语转换研究应该放在社会语言学框架下进行。英语课堂上话语转换的模式和功能在许多方面与其他言语社区相同。本研究旨在发展基于课堂话语研究的社会语言学方法。这项研究也为教师评估自己的话语转换模式提供了一个参考框架。

其次，本研究将激发对大学英语课堂语言使用规范和标准的讨论和重新审视。英语教学的目的在于使学生成为熟练的双语（英语和母语）交际者，任何单一的语言规范和标准都不适合外语学习者。

再次，本研究也激励大学英语教师在课堂观摩的基础上进行项目研究，并提供如何在英语课堂上同时使用英语和汉语的指导。教师应该意识到他们的语言选择对师生及教学意味着什么，以及他们如何通过语言选择表达自己的身份角色及意向。我们认为，话语转换是英语课堂教学中的一种交际资源，也是一种教学策略，不应该回避。汉语具有自身的功能，在英语教学中可以发挥有限而重要的桥梁作用，因为大学英语教师和学生可以通过话语转换来实现他们的交际目标和教学目标。即使有些教师可能低估了学生的理解能力而过度使用汉语，但这种现象在他们意识到问题的时候就会消失。

复次，本研究既认可大学英语课程中追求最大的英语输入量，也强调双语的使用。英语教学过程中的确有一些不必要的话语转换，我们建议教师尽量减少在课堂上使用汉语，并尽可能大量使用英语。我们鼓励教师思考他们在课堂上如何使用他们的语言。如果教师的课堂话语是目标语输入的主要来源，那么对学习者的语言输出应该是以目标语为主。教师可以参考本研究的成果来思考，在英语课程中理想的语言使用模式是什么，教师使用话语转换究竟为了什么，在什么情况下进行话语转换最合适，等等。

最后，本研究为教师教育和教师培训计划提供参考。教师教育计划应该将对课堂话语转换的认知纳入课程大纲，以便引导学员注意英语课堂中话语转换的存在，并向他们保证话语转换非常普遍，是正常的言语行为，有着特定的话语功能。话语转换可以成为帮助学员讲解课文内容、管理学生行为、保持良好课堂气氛的重要交际资源。大学英语教师也要确保话语转换的使用要对学生的语言学习与知识建构有所帮助。任何传统的方法（如语法翻译法）都可能导致教师使用话语转换。因此，课堂教育实践会提供持续的双语教育，并提供充分的学与教的资源。

中国的外语教育转型还需要顺应新课标的创新发展。现有的外语类课程和教学过程旨在促进学生和教师之间以及学习者之间的协作、问题解决和有意义的交流。所有这些都要求教师和学生之间的互动。然而，在主要面向考试（如三、四、六等级考试）的课堂语境（教育环境）中，上述交互并不容易启动、维持和发展。无论如何，话语转换不仅是不可避免的，而且在大学英语教学中也是必要的。话语转换是一种可以支持英语课堂交流的语言实践，是学习中一种必不可少的探索性行为。话语转换研究可以帮助大学英语师生理解课堂互动。而英语课堂互动不仅影响学习环境，也影响学生学习能力的提升。

大学英语教师通过话语转换来教授标准英语，有助于学生有意识地了解家庭言语和英语课堂言语之间的差别。学生可以在两种不同语言之间进行话语转换，前提是选择合适的时间、地点、观众以及交际目的。基于我们的方法和程序，研究可以被复制使用，英语课堂话语转换的研究成果可以推广使用。

然而，本研究也存在以下几个方面的局限。其一，研究应该包括更多的社会变量，以便进行更多的比较和进一步的深入分析。本研究既没有关注话语转换的教学效果的详细实证信息，也没有详细探讨教学传统、学校政策、办学环境、地方环境等社会背景对大学英语教师使用话语转换的影响。下一步我们将从多模态理论角度讨论更多的课堂环境因素对教师话语选择的影响，以及教学过程中的非语言行为因素。其二，本研究只观摩和记录了部分大学英语教师的课堂和学期情况，更多参与对象和更多课堂可能有助于进一步的深入分析。其三，本研究也缺乏纵向维度，未来需要更多追踪大学英语教师的话语转换在较长时间内的变化。同时，通过对比不同社会语言环境下的课堂话语转换，可以增强对导致不同话语转换模式产生的因素的理解。

尽管所有课堂观摩都尽可能地自然发生，但研究者的观摩及参与或多或少还是会影响大学英语教师在课堂上的语言选择。只有在大学英语教师习惯于观摩者存在时，研究者所记录的教学过程中的各种信息及数据才更真实可靠，教师使用话语转换受观摩者的影响才更小。男女教师数量增加及语言熟练程度提高也会改善数据收集，使跨组比较所得的数据更加准确。

未来可以继续考察在不同社会语言环境下教师和学生对话语转换的认知，深入探讨大学英语教师对话语转换的认知与教学行为之间的相关性。同时，还应考虑更多的社会因素与环境因素，如教学年限、语言能力、学历等因素和认知之间的可能相关性。还应该深入参与大学英语教师自己组织的有关话语转换的讨论，并将大学英语教师对话语转换的看法和认知与他们的实际教学行为进行比较，同时考虑学生话语的影响。应该考虑到语言课程的不同课型，例如听说课、阅读课及口语课。为了解决这些问题，需要针对英语课堂互动作更多民族志研究。这些研究最终应该把针对英语课堂话语转换的微观分析与更广泛的社会现实问题联系起来，更加深入地了解大学英语课堂中话语转换作为教学和话语策略所具有的作用和意义。

参考文献

Adendorff, R. 1993. Code-switching amongst Zulu-speaking teachers and their pupils: Its functions and implications for teacher education. *Language and Education* 7(3): 141-161.

Adendorff, R. 1996. The functions of code-switching among high school teachers and students in KwaZulu and implications for teacher education. In Kathleen M. Bailey and Davie Nunan, eds. *Voices from the language classroom*: *Qualitative Research in Second Language Education.* New York: Cambridge University Press.

Alfonzetti, G. 1992. The conversational dimension in code-switching between Italian and dialect in Sicily. In Peter Auer, eds. *Code-switching in Conversation*: *Language, Interaction and Identity.* London: Routledge.

Appel, R. & Musyken, P. 1987. *Language Contact and Bilingualism.* London: Edward Arnold.

Aguirre, A. 1988. Code-switching, intuitive knowledge and the bilingual classroom. In Garcia, H. S. & R. C. Chavez, eds. *Ethno-linguistic Issues in Education.* Texas: College of Education, Texas Tech University.

Arnfast, J.S. & Jorgensen, J. N. 2003. Code-switching as a communication, learning, and social negotiation strategy in first-year learners of Danish. *International Journal of Applied Linguistics* 13(1): 23-53.

Arthur, J. 1996. Code-switching and collusion: Classroom interaction in

Botswana primary schools. *Linguistics and Education* 8: 17-33.

Atkinson, D. 1987. The mother tongue in the classroom: A neglected resource? *ETL Journal* 41(4): 241-247.

Atkinson, D. 1993. *Teaching Monolingual Classes*. London: Longman.

Auer, P. 1984. *Bilingual Conversation*. Amsterdam: Benjamins.

Auer, P. 1998. *Code-switching in Conversation Language, Interaction and Identity*. London: Routledge.

Auerbach, E. 1993. Reexamining English only in the ESL classroom. *TESOL Quarterly* 27: 9-32.

Baker, C. D. 1997. Transcription and representation in literacy research. In Flood, et al, eds. *Handbook of Research on Teaching Literacy through the Communicative and Visual Arts*. New York: Prentice Hall International.

Ball, R. 1986. *A Dictionary of Link Word in English Discourse*. London: Macmillan.

Bentahila, A. & Davies, E. 1995. Patterns of code-switching and patterns of language contact. *Lingua* 96: 75-93.

Berk-Seligson, S. 1986. Linguistic constraint on intra-sentential code-switching: a study of Spanish/Hebrew bilingualism. *Language in Society* 15: 313-348.

Blom, Jan.-P. & Gumperz, J. J. 1972. Social meaning in linguistic structure: code-switching in Norway. In Li Wei, eds. 2000. *The Bilingualism Reader*. London and New York: Routledge.

Bokamba, Eyamba G. 1988. Code-mixing, language variation and linguistic theory: evidence from Bantu languages. *Lingua* 76: 21-62.

Bruner, J. 1983. *Child's Talk: Learning to Use Language*. New York: Norton.

Butzkamm, W.2003.We only learn language once. The role of the mother tongue in FL classrooms: Death of a dogma. *Language Learning Journal*, 28(1): 29-39

Camilleri, A.1996. Language values and identities: Code-switching in secondary classroom in Malta. *Linguistic and Education* 8: 85-103.

Canagarajah, S.1996. Functions of code-switching in ESL Classrooms: Socializing Bilingualism in Jaffna. *Journal of Multilingual and Multicultural Development*

13(1-2): 173-195.

Canale, M. 1983. From communicative competence to communicative language pedagogy. In J. C. Richards and R. W. Schmidt, eds., *Language and communication*. London: Longman.

Cazden, C.B. 2001. *Classroom Discourse: the Language Teaching and Learning*. Portsmouth, NH: Heinemann.

Cenoz, J. & Genesee, F. 2001.*Trends in Bilingual Acquisition*. Amsterdam: John Benjamins.

Cook, V. 1999. Going beyond the native speaker in language teaching. *TESOL Quarterly*33: 185-209.

Cook, V. 2002. Using the first language in the classroom. *Canada Modern Language Review* 57: 402-16.

Copland, F. & Neokleous, G. 2011. L1 to teach L2: Complexities and contradictions. *ELT Journal* 65(3): 270-280.

Copple, C. & Bredekamp, S. 2009. *Developmentally Appropriate Practice in Early Childhood Programs*. Washington, DC: National Association for the Education of Young Children.

Crookes, G. 1993. Action research for second language teachers: Going beyond teacher research. *Applied Linguistics* 14: 130-144.

Cummins, J. & Swain, M. 1986. *Bilingualism in Education: Aspects of Theory, Research and Practice*. London Lind-New York: Longman.

Davey, C. & Goodwin-Davey, A. 2000. Development of learning resources for outcomes-based distance education. *Progressio* 22(1): 1-13.

Deller, S. Rinvolucri. 2002. *Using the Mother Tongue: Making the Most of the Learner's Language*. London: Delta Pub.

Dewey, J. 1938. *Experience and Education*. New York: Collier Books.

Di Sciullo, et al. 1986. Government and code-mixing. *Journal of Linguistics* 22: 1-24.

Driscoll, M. 2000. *Psychology of Learning for Instruction*. Boston: Allyn& Bacon

Duff, P. A. & Polio, C. G. 1990. How much foreign language is there in the foreign language classroom? *Modern Language Journal* 74: 154-166.

Duit R, Treagust D. F. 1995. Students' Conceptions and Constructivist Teaching Approaches. Chicago: The National Society for the Study of Education.

Eastman, C., eds. 1992. *Code-switching*. Clevedon: Multilingual Matters.

Edge, J. 1986. Acquisition disappears in adultery: Interaction in the translation class. *English Language Teaching Journal* 40:121-4.

Eldridge, J. 1996. Code-switching in a Turkish secondary school. *ELT Journal* 50(4): 303-311.

Elliott, S.N., Kratochwill, T.R., Littlefield Cook, J.& Travers, J., eds. 2000. *Educational psychology: Effective Teaching, Effective Learning*. Boston, MA: McGraw-Hill College.

Ellis, R. 1985(1994). *Understanding Second Language Acquisitions*. Oxford: Oxford University Press.

Ferguson, G. 2003. Classroom code-switching in postcolonial contexts: Functions, attitudes and polices. *AILA Review* 16:38-51.

Finocchiaro, M. & Brumfit, C. J. 1983. *The Functional-notional Approach: From Theory to Practice*. New York: Oxford University Press.

Flyman, A. & Burenhult, N. 1999. Code-switching in second language teaching of French. *Working Papers* 47: 59-72.

Fox, R. 2001.Constructivism examined. *Oxford Review of Education*, 27(1): 23-35.

Gabrielatos, C. 2001. L1 use in ELT: Not a skeleton, but a bone of contention. http:// tesolgreece.com/nl/70/7001.html.

Gall, M. D., Gall, J. P. & Borg, W. R. 2007. *Educational Research: An Introduction* (8th ed).Boston, USA: Allyn and Bacon.

Ganschow L., Sparks R. L. 2000. Reflections on foreign language study for students with language learning problems: research, issues and challenges. *Dyslexia6*: 87-100.

Ganshowe, L. & Sparks, R. 2001. Learning difficulties and foreign language learning: A review of research and instruction. *Language Teaching* 34:79-98.

Gardner-Chloros, P. 1991. *Language Selection and Switching in Strasbourg*. Oxford: Clarendon Press.

Gardner-Chloros, P. 1995. Code-switching in community, regional and national repertoires: The myth of the discreteness of linguistic system. In L. Milroy & P. Muysken, eds. *One speaker, Two languages: Cross-disciplinary Perspectives on Code-switching*. Cambridge: Cambridge University Press.

Giles, H, et al. eds. 1991. *Contexts of Communication: Developments in Applied Sociolinguistics*. Cambridge: Cambridge University Press.

Goffman, E. 1974. *Frame Analysis*. New York: Harper and Row.

Grosz, B.J. & Sidner, C.L. 1986. Attention, intention, and the structure of discourse. *Computational Linguistics* 12(3): 175-204.

Gumperz, J. J. 1982. *Discourse Strategies*. Cambridge: Cambridge University.

Guthrie, E. 1984. Intake, communication and second language learning. In J. Sauvignon & M. Berns, eds. *Initiatives in Communicative Language Teaching*. Reading, MA: Addison Wesley.

Halmari, H.1997. *Government and Code-switching: Exploring American Finnish*. Amsterdam Philadelphia: John Benjamins.

Hancock, M. 1997. Behind classroom code switching: Layering and language choice in L2 learner interaction. *TESOL Quarterly* 31(2): 217-235.

Harbord, J. 1992. The use of the mother tongue in the classroom. *ELT Journal*, 46(4): 350-355.

Hashemi, S. M. & Khalilisabet, M. 2013. The Iranian EFL students' and teachers' perception of using Persian in general English classes. *International Journal of Applied Linguistics & English Literature* 2(2): 142-152.

Heller, M. 1988. *Code-switching: Anthropological and Socio-linguistic Perspectives*. Berlin: Mouton de Gruyter.

Ho-Dac Tuc. 2003. *Vietnamese-English Bilingualism*. London: Routledge Curzon.

Hopkins, S. 1988. Use of mother tongue in teaching of English as a second language to adults. *Language Issues* 2(2): 18-24.

Hudelson, S. 1983. Beto at the sugar table: Code-switching in a bilingual classroom. In Escobedo, T. H., eds. *Early Childhood Bilingual Education: A Hispanic Perspective*. New York: Teacher's College Press.

Hussein, R. F. 1999. Code-alteration among Arab college students. *World Englishes* 18(2): 281-289.

Jacobson, R. 1998. *Code-switching Worldwide I*. New York: Mouton de Gruyter.

Johnson, B. & Christensen, L.2008. *Educational Research: Quantitative, Qualitative and Mixed Approaches* (3rd ed). Los Angeles, USA: Sage publications.

Kamwangamalu, N. M. 1992. Mixers and mixing: English across cultures. *World Englishes* 11(2/3): 173-181.

Klavans, J. L. 1985. The syntax of code-switching: Spanish and English. *Proceedings of the Linguistic Symposium on Romance Languages*. Amsterdam: Benjamins.

Kramsch, C. 2011. The symbolic dimensions of the intercultural. *Language Teaching* 44(3): 354–367.

Krashen, S. 1981. *Second Language Acquisition and Second Language Learning*. Oxford: Pergamon.

Lee, O. 2005. Science education with English language learners: Synthesis and research agenda. *Review of Educational Research* 75: 491-530.

Levine, G. & Phipps, A. 2015. Communicative language teaching and language under duress: Global contexts for language pedagogy. Lecture presented at ClaireFest, UC Berkeley, Berkeley, CA.

Levine, G. S. 2011. *Code Choice in the Language Classroom*. Bristol: Multilingual Matters.

Li Wei. 1994. *Three Generations Two Languages One Family: Language Choice and Language Shift in a Chinese Community in Britain*. Clevedon: Multilingual Matters.

Li Wei. 2000. *The Bilingualism Reader*. London and New York: Routledge.

Li Wei. 2005. Starting from the right place: introduction to the special issue on conversational code-switching. *Journal of Pragmatics* 37: 275-279.

Liebscher, G. & Dailey-O'cain, J. 2005. Learner code-switching in the content-based foreign language classroom. *The Modern Language Journal* 89: 234-247.

Lin, A.1996. Bilingualism or linguistic segregation? Symbolic domination, resistance and code-switching in Hong Kong schools. *Linguistics and Education* 8: 9-84.

Lipski, J. 2005. Code-switching or borrowing? No se so no puedo decir, you know. In Lotfi Sayahi & Maurice Westmoreland, eds. *Selected Proceedings of the Second Workshop on Spanish Sociolinguistics.* Somerville, MA: Cascadilla Proceedings Project.

Lisa, M．S．2003．*Functions of Code-switching in Classes of German as a Foreign Language*．Ph. D diss, University of Texas.

Lodico, M. G., Spaulding, D. T. & Voegtle, K. H. 2006. *Methods in Educational Research*: *From Theory to Practice.* San Fransisco, USA: Jossey-Bass.

Lourie, I. 2010. English only? The linguistic choices of teachers of young EFL learners. *International Journal of Bilingualism*, 14: 351-367.

Lu, J. Y. 1991. Bilingual code-switching between Mandarin and English. *World Englishes* 10(2): 139-151.

Macaro, E. 2001. Analyzing student teachers' code-switching in foreign language classrooms: Theories and decision making. *Modern Language Journal* 85: 531-48.

Macaro, E. 2005. Code-switching in the L2 classroom: A communication and learning strategy. In Enric, Llurda, eds. *Non-Native Language Teachers, Perceptions, Challenges and Contributions to the Profession.* New York: Springer.

Mahmudi, L.& Yazdiamirkhiz, Y. 2011. The use of Persian in the EFL classroom—The case of English teaching and learning at pre-university level in Iran. *English Language Teaching* 4(1): 135-140.

Martin, P. 1999. Bilingual unpacking of monolingual texts in two primary classrooms in Brunei Darussalam. *Language and Education* 13(1): 38-58.

Martin-Jones, M. 2000. Bilingual classroom interaction: A review of recent research. *Language Teacher* 33: 1-9.

McDonald, C. 1993. *Using the Target Language.* Cheltenham, UK: Mary Glasgow.

McMillan, B. & Rivers, D. J. 2011. The practice of policy: Teacher attitudes toward "English-only". *System* 39: 251-263.

McMillan, J.H. & Schumacher, S. 2006. *Research in Education: Evidence-based inquiry* (6th Ed). Boston, USA: Allyn and Bacon.

Merritt, M. et al. 1992. Socializing multilingualism: Determinants of code-switching in Kenyan primary classrooms. *Journal of Multilingual and Multicultural Development* 13(1/2): 103-121.

Miracle, W. C. 1991. Discourse Markers in Mandarin Chinese. Ph. D diss. The Ohio State University.

Mitchell, S. A. 1988. *Relational Concepts in Psychoanalysis: An Integration.* Harvard University Press.

Moore, D. 2002. Case Study: Code-switching and learning in the classroom. *International Journal of Bilingual Education and Bilingualism* 5(5): 279-293.

Muysken, P. 1991. Needed: A comparative approach. *Papers for the Symposium on Code-switching in Bilingual Studies: Theory, Significance and Perspectives*, Strasbourg: European Science Foundation Network on Code-switching and Language Contact.

Muysken, P. 1995. Code-switching and grammatical theory. In Milroy, L. & Muysken, P. eds. *One Speaker, Two Languages: Cross-disciplinary Perspectives on Code-switching.* Cambridge: Cambridge University Press.

Muysken, P. 2000. *Bilingual Speech: A Typology of Code-mixing.* Cambridge: Cambridge University.

Myers-Scotton, C. & Bolonyai. A, 2001. Calculating speakers: Code-switching in a rational choice model. *Language in Society* 30: 1-28.

Myers-Scotton, C., eds. 1998. *Codes and Consequences: Choosing Linguistic Varieties.* New York, Oxford: OUP.

Myers-Scotton, C. 1988. Contrasting patterns of code-switching in two communities. In Heller, M, eds. *Code-switching: Anthropological and Sociolinguistic Perspectives.* Berlin: Mouton de Gruyter.

Myers-Scotton, C. 1993a. *Social Motivations for Code-switching: Evidence from*

Africa. Oxford: Clarendon Press.

Myers-Scotton, C. 1993b. *Duelling Languages*: *Grammatical Structural in Code-switching*. New York: Clarendon Press.

Myers-Scotton, C. 1998. Structural uniformities vs community differences in code-switching. In R. Jacobson, eds. *Code-switching Worldwide*. Berlin: Mouton de Gruyter.

Myers-Scotton, C. 1999. Explaining the role of norms and rationality in code-switching. *Journal of Pragmatics* 32: 1259-1271.

Myers-Scotton, C. 2002. Frequency and intentionality in (un)marked choices in code-switching: "this is a 24-hour country". *International Journal of Bilingualism* 6(2):205-219.

Naci Kayaoglu, M. 2012. The use of mother tongue in foreign language teaching from teachers' practice and perspective. *Pamukkale University Journal of Education* 1: 26-32.

Nation, I. S. P. 1978. Translation and the teaching of meaning: some techniques. *ELT Journal* 32(3): 171-175.

Nation, P. 2003. The role of first language in foreign language learning. *Asian EFL Journal* 5(2):1-8.

Nunan, D. 1987. Communicative language teaching: making it work. *ELT Journal* 41(2): 136-145.

Nurmi, A. & Pahta, P. 2004. Social stratification and patterns of code-switching in Early English letters. *Multlingua* 23: 417-456.

Oliver, K. M. 2000. Methods for developing constructivism learning on the web. *Educational Technology* 40: 6.

Olmedo-Williams, I. 1983. Spanish-English bilingual children as peer teachers. In Elias-Olivares, eds. *Spanish in the U.S. Setting*: *Beyond the Southwest*. Maryland: National Clearinghouse for Bilingual Education.

Pennington, M. 1995. Pattern and variation in use of two languages in the Hong Kong secondary English class. *RELC Journal* 80-105.

Phillips, D. C. 1995. The good, the bad, and the ugly: The many faces of constructivism. *Educational Researcher* 24(7): 5-12.

Piasecka, K. 1988. The bilingual teacher in the ESL classroom. In Sandra, N and H, Elizabeth, eds. *Current Issues in Teaching English as a Second Language to Adults*. London: Edward Arnold.

Polio, C. G. & Duff, P. A. 1994. Teachers' language use in university foreign language classroom: A qualitative analysis of English and target language alternation. *Modern Language Journal* 78: 313-326.

Poplack, S. & Sankoff, D. 1984. Borrowing: the synchrony of integration. *Linguistics* 22: 99-135.

Poplack, S. 1980. Sometimes I'll start a sentence in English y termino en espanal: toward a typology of code-switching. *Linguistics* 18: 581-616.

Rezvani, H. & Eslami Rasekh, A. 2011. Code-switching in Iranian elementary EFL classrooms: An exploratory investigation. *English Language Teaching* 4(1): 18-25.

Richards, J. C. & Rodgers, T. 2000. *Approached and Methods in Language Teaching* (2nd ed.). New York: Cambridge University Press.

Romaine, S. 1989(1995). *Bilingualism*. Oxford: Blackwell.

Saunders, G. 1988. *Bilingual Children: From Birth to Teens*. Clevedon/Philadelphia: Multilingual Matters.

Schiffrin, D. 1987. *Discourse Markers*. Cambridge: Cambridge UP.

Schmitt, N. 1997. ,eds. Vocabulary Learning Strategies. In D. N. Schmitt, & M. McCarthy, *Vocabulary: Description, Acquisition and Pedagogy* (199-227). Cambridge: Cambridge University Press.

Schunk, D. H. 2000. *Learning Theories: An Educational Perspective* (3rd ed.). Upper Saddle River, NJ: Prentice-Hall.

Schweers, C. W. 1999. Using L1 in the L2 classroom. *English Teaching Forum* 37(2): 6-13.

Sebba, M. 1994. *London Jamaican: Language Systems in Interaction*. Harlow: Longman.

Sharma, K. 2006. Mother tongue use in English classroom. *Journal of NELTA*

11(1-2): 80-87.

Simon, D. 2001. Towards a new understanding of code-switching in the foreign language classroom. In Jacobson, D. eds. 2001. *Code-switching Worldwide II*. Berlin, New York: Mouton de Gruyter.

Skehan, P. 2001. Comprehension and production strategies in language learning. In C. N. Candlin and N. Mercer, eds. *English Language Teaching in its Social Context* (75-89). New York: Routledge.

Skinner, D. 1985. Access to meaning: The anatomy of the language/learning connection. *Journal of Multilingual and Multicultural Development* 6 (5): 369-389.

Stenstrom, Anna-Brita. 1994. *An Introduction to Spoken Interaction*. London: Longman.

Stern, H. H. 1992. *Issues and Options in Language Teaching*. Oxford: Oxford University Press.

Storch, N. & Wigglesworth, G. 2003. Is there a role for the use of L1 in an L2 setting? *TESOL Quarterly* 37(4): 760-770.

Swain, M. 1985. Communicative competence: Some roles of comprehensible input and comprehensible output in its development. In S. Gass and C. Madden, eds. *Input in Second Language Acquisition* (pp. 235-253).

Tang, J. 2002. Using L1 in the English classroom. *English Teaching Forum* 40: 36-43.

Taylor, S.J. & Bogdan, R.(1998). *Introduction to Qualitative Research Methods: A Guidebook and Resource(3rd edition)*. New York, USA: John Wiley and Sons.

Thompson, G. 1987. Using bilingual dictionaries. *English Language Teaching Journal* 4: 282-6.

Thornton, K. 1999. 'Teenage boys lost in French. Male pupils are losing the plot in foreign language lessons which they do not consider to be very important.' *Times Educational Supplement,* (8 October 1999: i1) .

Timor, T. 2012. Student-Teachers' Metaphorical Perceptions of Dyslexia and

Foreign Language Disabilities. *Electronic Journal for Inclusive Education* 2: 10.

Tochon, V. Francois.2014. *Help Them Learn a Language Deeply: Deep Approaches to World Languages and Cultures*. Blue Mounds, WI: Deep University Press.

Tracy, R.1996.Vom Ganzen und seinen Teilen. Oberlegungen zum doppelten Spracherwerb. *Sprache und Kognition* 15 (1/2): 70-92.

Treffers-Daller, J. 1991. *French-Dutch Language Mixture in Brussels*. Ph. D diss, University of Amsterdam.

Tudor, I. 1987. Using translation in ESP. *ELT Journal* 41(4): 268-273.

Vygotsky, L. S. 1978. *Mind in Society: The Development of Higher Psychological Processes*. Cambridge, MA: Harvard University Press.

Wechsler, D. 1997. *Wechsler Adult Intelligence Scale*. The Psychological Corporation, San Antonio.

West, M. 1962. *Teaching English in Difficult Circumstances. Teaching English as a Foreign Language with Notes on the Techniques of Textbook.*

Wharton, C. 2007, Informed use of the mother tongue in the English language classroom. http://www.birmingham.ac.uk/Documents/collegeartslaw/cels/essays/secondlanguage/ wharton-p-grammar.pdf

Yaqubi, B. & Pourmoid, S. 2013. First language use in English language institutes: Are teachers free to alternate between L1 and L2 as means of instruction? *The Journal of Teaching Language Skills* 4(4): 127-152.

Zentella, Ana Celia. 1981. *Ta bien*, you could answer me *en cualquier idioma*: Puerto Rican code-switching in bilingual classrooms. In R. P. Duran, eds. *Latino Language and Communication Behavior*. Norwood, NJ: Ablex.

附录1　话语转换认知问卷

［说明］本调查有 20 个关于大学英语教师对课堂话语转换的认知性陈述。大学英语课堂上教师使用话语转换的情况如下面例子所示：

T: Let me see
　　Whose advice is the best
　　啊，看谁最好啊，啊
　　我很苦恼啊

在下面的问题陈述中，我们想请你对所陈述的认知强度按 1~5 进行标记。你如果强烈赞同，就标记 5；如果强烈不赞同，就标记 1。具体标记如下所示：

　　　　5= 强烈赞同　4= 赞同　3= 不确定　2= 不赞同　1= 强烈不赞同

你的年龄：
你的性别：
你的教龄：
你的学位：

第一部分　教师个人语言水平情况

问题1：

使用话语转换的教师能够清楚地表达他们的教学意图。

5	4	3	2	1

问题2：

教师使用话语转换会促进学生对教学任务的理解。

5	4	3	2	1

问题3：

教师使用话语转换会促进语言知识建构。

5	4	3	2	1

问题4：

教师使用话语转换非常自然流畅。

5	4	3	2	1

问题5：

使用话语转换的教师精通英语。

5	4	3	2	1

第二部分　与课文内容主题相关

问题6：

教师能将话语转换用在课堂上的所有教学任务。

5	4	3	2	1

问题7：

使用话语转换的教师能更好地讲解课文中的语法和词汇。

5	4	3	2	1

问题 8：

使用话语转换的教师能更好地建构语言理解。

5	4	3	2	1

问题 9：

使用话语转换的教师能更好地延伸与评价。

5	4	3	2	1

问题 10：

使用话语转换的教师能更好地举例，并澄清与所教课文相关的内容。

5	4	3	2	1

Part3 与课堂管理相关

问题 11：

教师使用话语转换能改变任务指示。

5	4	3	2	1

问题 12：

使用话语转换的英语教师能更好地管理会话进度。

5	4	3	2	1

问题 13：

使用话语转换的教师能更好地维持课堂纪律。

5	4	3	2	1

问题 14：

使用话语转换的教师能更好强调任务进程。

5	4	3	2	1

问题 15：

使用话语转换的教师能更好地处理冷场情况。

5	4	3	2	1

Part4　与师生人际关系相关

问题 16：

使用话语转换的教师能更好地邀请学生参与。

5	4	3	2	1

问题 17：

使用话语转换的教师能更好地进行个别指导。

5	4	3	2	1

问题 18：

使用话语转换的教师能更好地表扬和称赞学生。

5	4	3	2	1

问题 19：

使用话语转换的教师能更好地与学生保持等同身份。

5	4	3	2	1

问题 20：

使用话语转换的教师能更好地让学生自我修复话语。

5	4	3	2	1

附录 2　大学英语教师访谈提纲

大学名称：　　　　　　　　　　　编号：
背景：
姓名：
性别：
年龄：
学历：

本访谈旨在探讨与大学英语教师话语转换相关的内容。希望这项研究的结果有助于改善大学英语教育。访谈所收集的信息只适用于本研究的目的。收集的信息将会严格保密和匿名，不会透露你的身份。这次访谈将会被录音。这样就可以集中精力进行我们的讨论，方便后面转写。请尽可能诚实地回答这些问题，从而使这项研究得到准确结果。谢谢！

1. 简要地介绍下在你的课程教学中使用话语转换的程度。

2. 你在你的教学中转换语言的原因是什么？

3. 你认为话语转换对你的教学和学生学习有什么影响？

4. 在你看来，是否应该允许在英语课堂教学中进行话语转换？解释一下原因。

5. 你认为在英语教学中话语转换的优点与缺点各是什么？

6. 在大学英语教学中，你对使用汉语或其他语言有什么看法？

7. 你还想补充什么吗？

感谢你的时间和付出！

附录3　课堂话语转写规范

T	标记教师
S	标记单个学生
S_s	标记多个学生
,	短暂停顿
(.)	长停顿
?	升调，或问句
Frien：：d	长元音
No-	突然打断，自我中断
Because	强调
((laughs))	非言语行为
<listening to the tape>	补充说明
(xxx)	不可辨认的话语
(…)	省略的话语
[…]	师生重叠的部分
!	标记突出的声调等

图书在版编目(CIP)数据

大学英语话语转换的认知与功能研究 / 姚明发著. -- 北京：社会科学文献出版社，2023.1（2023.9重印）
（浙江外国语学院博达丛书）
ISBN 978-7-5228-1168-0

Ⅰ.①大… Ⅱ.①姚… Ⅲ.①英语-课堂教学-教学研究-高等学校 Ⅳ.①H319.3

中国版本图书馆CIP数据核字（2022）第225835号

浙江外国语学院博达丛书
大学英语话语转换的认知与功能研究

著　　者 / 姚明发

出 版 人 / 冀祥德
责任编辑 / 赵晶华
责任印刷 / 王京美

出　　版 / 社会科学文献出版社·联合出版中心（010）59367180
　　　　　地址：北京市北三环中路甲29号院华龙大厦　邮编：100029
　　　　　网址：www.ssap.com.cn
发　　行 / 社会科学文献出版社（010）59367028
印　　装 / 三河市尚艺印装有限公司

规　　格 / 开　本：787mm×1092mm　1/16
　　　　　印　张：11.75　字　数：187千字
版　　次 / 2023年1月第1版　2023年9月第2次印刷
书　　号 / ISBN 978-7-5228-1168-0
定　　价 / 88.00元

读者服务电话：4008918866

版权所有 翻印必究

本书系浙江外国语学院博达科研提升专项计划
"课堂话语中的语言转换研究"(2023HQZZ9)研究成果